주님, 다시 기도해볼게요

주님, 다시
기도해볼게요

김현미 지음

규장

말씀을 따라 살게 하는
기도의 능력

다양한 기도의 종류가 있는 이유

요즘 많은 분들이 제게 물어보십니다.

"기도를 해도 왜 나아지는 것이 없을까요? 왜 점점 더 힘든 일만 생기는 것일까요? 기도하다 지쳐서 포기하고만 싶습니다. 이럴 때 정말 어떻게 해야 할까요?"

그러면 저는 대답합니다.

"제게는 길이 없습니다. 그러나 제 길을 인도하신 주님은 때마다 일마다 저를 놓지 않고 붙잡아주시고, 인도해주셨습니다. 그러니 끝까지 주님의 말씀의 길을 가는 것을 포기하지 마십시오! 그 길은 주님과 함께하는 길이기에 마지막은 승리요 영광입니다. 말씀을 붙들고 하는 기도는 그 주님을 만나는 것이고, 그분과 함께할 수 있는 방법을 배우는 은혜의 수단입니다.

우리 안에 거하시는 성령의 충만을 받아 사탄과의 영적전쟁에서 승리를 선포하고, 성령님의 권능으로 주님의 말씀을 가르치고, 천국의 복음을 전파하며, 모든 약한 것과 병을 고치시는 주님의 능력을 선전하는 거룩한 통로가 되도록 힘을 내어 기도해보세요. 기도의 결과가 주님의 손에 있다는 것을 분명히 믿는다면 우리는 세상에서도 주님으로 인해 기뻐하고 즐거워하는 사람들이 될 겁니다."

우리의 삶은 매우 복잡하고 다양합니다. 기도 또한 삶의 형태와 같이 복잡하고 다양합니다. 어떤 상황에서도, 어느 때라도 기도할 수 있다는 것은 제게 주신 최고의 선물이었죠. 그리고 교회는 제가 살아가는 데 필요한 모든 힘을 얻을 수 있는 은혜의 장소였습니다. 기도를 할 수 있도록 힘을 받은 곳이기 때문이죠.

개인기도를 통해 저는 지극히 개인적인 상황에서 힘들다고 생각하던 것들을 이길 수 있었습니다. 이처럼 혼자서 기도하는 것을 통해서도 어느 정도까지의 신앙성장을 이루게 되지만, 이는 독단적이 되거나 고립될 수 있는 요소도 많이 지니고 있습니다. 그런 이유 때문이었는지 저는 가족과 교회 공동체를 통해 기도 훈련을 받게 되었습니다.

뒤돌아보면 오직 하나님의 은혜라고밖에 할 수 없는 제 인생의 시간 중에서도 가장 많은 은혜를 경험한 때가 바로 여러 가지 다양한 방법을 동원한 기도의 시간이었죠.

아침에 일찍 일어나는 습관은 군인 출신이셨던 친정아버지의 교육의 효과였고, 믿음으로 함께하게 된 남편 덕분에 오랜 시간 철야기도를 할 수 있는 기회도 얻었습니다. 30대에 만난 소그룹 공동체와 함께한 기도의 시간 속에서 관계훈련을 톡톡히 치렀고, 교회에서는 예배시간의 통성기도와 합심기도를 통해 기름부으심의 은혜도 체험했습니다. 예수 그리스도의 은혜가 커져갈수록 그 이름의 권세를 의지하는 말씀의 선포가 이루어졌고, 영적전쟁이 다름 아닌 우리의 마음에서 가장 치열하게 일어난다는 것도 깨닫게 되었습니다.

세상에서는 성공과 물질과 건강에서 안정을 찾으려 하지만 모든 것을 소유한다고 행복해지지는 않습니다. 제가 깨달은 것들 중 가장 나누고 싶은 것은 우리가 하나님의 말씀에 순종하려는 마음으로 기도할 때 성령님이 주시는 지혜와 능력, 은사를 통해 힘을 얻게 된다는 것입니다.

교회는 많은 은혜의 시간을 제공합니다. 주의 말씀을 맡은 주의 종인 목사님들이 말씀을 연구하고 해석해서 구원받은 지체들이 그 말씀의 길을 힘 있게 따라갈 수 있도록 설교해주시면, 그 영적 양식을 먹고 성도들이 자라나는 곳이 교회입니다. 또한 다양한 공동체 모임에서 들은 말씀과 묵상한 말씀을 나누고, 그 말씀에 자신의 삶을 비추어보며 반성하고, 회개의 합당한 열매를 맺는 삶의 변화가 일어날 수 있는 기회를 얻는 곳이 교회입니다.

그렇게 받은 힘을 가지고 가정에서는 무조건적인 사랑을 나눌 수 있는 한 개인으로, 사회에서는 구원받지 못한 사람들의 구원의 통로로서 봉사의 일을 하며 섬기는 사람으로, 국가적으로는 신실한 삶으로 영향력을 끼치는 하나님의 도구로서의 그리스도인이 되는 것이 우리의 기도의 목적이 아닐까 생각합니다.

또한 기도의 목적은 하나님의 말씀의 길을 잘 따라가는 것에 있다고 생각합니다. 그 길은 진리의 길이요, 생명의 길 되신 예수 그리스도를 닮아가는 것입니다. 무엇을 결정할 때, 그 일에 대한 그리스도의 마음이 어디에 있는가를 아는 깊이는 믿음의 분량에 따라 다릅니다. 그래서 우리는 끊임없이 이 순례자의 길을 걸어야 하는 것이 아닐지요.

새로운 길

이 책을 준비하며 제게는 첫 번의 책을 쓸 때보다 더 새로운 경험의 시간들이 주어졌습니다. 신학교를 졸업하고, 목사안수를 받고, 이전에 경험하지 못했던 새로운 길을 가게 되었습니다. 그래서 더욱 많은 기도가 필요했고, 한편으로는 가정을 소홀히 하지 않기 위해 애써야 했죠.

누가복음의 말씀처럼 끝자리에 앉을 수만 있다면 의지적으로 그 자리를 찾고 싶습니다(눅 14:8-10). 10여 년 사역을 하다 보니 많은 것들을 경험하게 되었습니다. 나 자신의 영광을 취하고 싶었고, 이름을 내거나 자리를 확보하고 싶기도 했죠. 그런 제 마음을 보는 것이 큰 괴로움이 되기도 했습니다. 기도의 자리는 그 정욕의 마음을 걷어 내는 성령님의 역사를 맛보는 자리였고, 주시는 마음에 순종하려는 씨름의 자리였습니다.

지금도 여전히 저는 이기적이고, 정욕적이기도 하지만 이전의 저와는 다른 것 같습니다. 제 노력이 아닌 주님의 은혜로 많은 것들을 내려놓게 되었고, 더 내려놓게 될 것이기 때문이죠. 저는 이 길에 혼자가 아닌 것이 가장 행복합니다. 적극적으로 제 편이 되어주는 가족이 있고, 외롭거나 힘들 때 동무가 되어주고 힘을 주는 소그룹 공동체가 있기 때문입니다.

그래서 주님이 제게 주시려는 것이 '소유의 복'이 아니라 제 영혼이 주님께 붙들린 '상태의 복'에 있다는 것을 고백할 수 있습니다. 제 영혼의 상태가 좋으면(그의 나라와 그의 의를 구하면) 제게 그 모든 것을 더하시는 것을 경험했기에, 이 글을 읽는 독자 여러분께도 도전을 드리고 싶습니다.

우리에게는 주님의 말씀을 따라갈 수 있는 힘이 없습니다. 하지만 내주하시는 성령님이 기도의 자리에서 말씀으로 비춰주시는 것을 통해서 그분과 동행할 수 있는 힘을 얻을 수 있습니다. 미쁘신 주님은 성령님을 통해서 우리에게 세상을 넉넉히 이길 수 있는 힘과 능력과 은사를 주시고, 그분의 영광을 나타낼 뿐 아니라 영화롭게 하는 창조의 목적대로 사는 기쁨을 주실 것입니다.

자! 그럼 저와 함께 이 순례의 길을 다시 한 번 신나게 걸어가 볼까요?

우리 주 예수 그리스도로 말미암아 우리에게 승리를 주시는 하나님께 감사하노니 그러므로 내 사랑하는 형제들아 견실하며 흔들리지 말고 항상 주의 일에 더욱 힘쓰는 자들이 되라 이는 너희 수고가 주 안에서 헛되지 않은 줄 앎이라 고전 15:57,58

김현미

c.o.n.t.e.n.t.s

part *2*

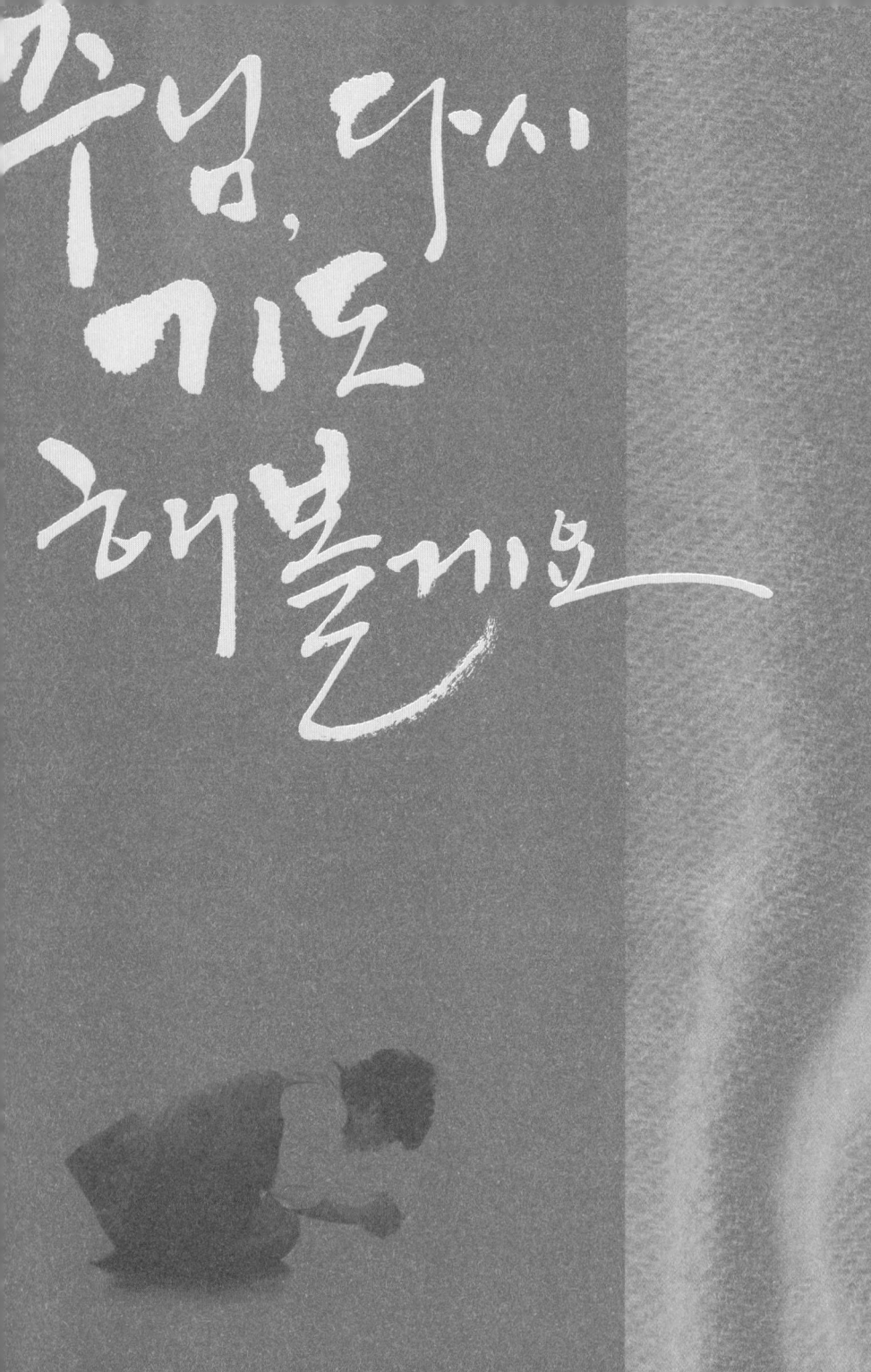

part 1

내 주위의 천사들
힘을 얻는 중보기도

골방에서의 만남
개인기도의 시작

만남의 시작
하나님의 임재와 현존의 경험

일상의 삶 속에서
묵상기도

주님이 기뻐하시는 기도
금식기도

양육하는 기쁨
중보의 시작

삶으로 배우는 자녀
가정과 자녀를 위한 기도

주님!
기도하며 주님과 함께 끝까지 가는
행복한 사람이 되고 싶어요.
그래서 저도 다른 사람들에게 힘을 줄 수 있는
천사 같은 사람으로 한번 살아보겠어요.

내 주위의 천사들

: 힘을 얻는 중보기도

누구에게나 주님이 보내주신 천사들이 있습니다. 사람들뿐만 아니라 모든 만물이 우리에게 천사와 같은 존재가 되어준 기억들이 있을 것입니다.

제게 구원의 문을 열어준 사람은 친구 미영이었습니다. 하나님의 존재에 대해서 막연하게 생각만 하고 있을 때 교회라는 곳을 처음으로 소개해주었죠. 고등학교에 진학해서는 친구 선욱이가 다니는 교회에 출석하기도 했습니다. 주일에 그 친구 집에 놀러 가면 다니던 교회로 저를 데려갔고, 예배를 마치고 오면 친구의 어머니께서 따뜻한 밥상을 차려주셨습니다. 딱히 교회가 재미있거나 흥미롭지는 않았고, 그저 친구들을 만날 수 있다는 것이 좋았습니다.

그러다 결혼 직후에 아버지가 갑작스럽게 돌아가셨습니다. 당시 저는 소망교회에 다니고 있었는데 교회 장로님 세 분이 모든 장례 절차를 도와주셨고, 장례가 마무리 될 때까지 우리 가정을 돌봐주셨죠. 3일 동안의 장례예배에 거르지 않고 참석해주신 교회 구역식구들도 우리에게는 천사와 같은 분들이었습니다. 우리 가족은 그 은혜 때문에 교회에 더 열심히 다니게 되었고, 교회에 갈 때마다 장로님들은 우리 남매의 이름까지 기억하시며 관심을 기울여주셨죠.

이런 도움의 손길들은 그때까지 제가 가지고 있던 교회 이미지를 긍정적으로 바꾸어주었습니다. 그런데 그 이후로는 제 주위에 이상스럽고 이해되지 않는 사람들만 수두룩하게 나타났습니다. 그러다 보니 당시 제가 하나님께 했던 말들은 '도무지 알 수 없다'는 것뿐이었죠.

'하나님, 어떻게 제게 이렇게 하실 수 있습니까? 혹시 저와 다른 사람을 착각하신 건 아닙니까? 저는 이렇게 살 사람이 아닙니다. 지금이라도 이 상황을 바로잡아주셔야 합니다!'

아무리 부르짖어도 하나님께서는 대답이 없으셨죠. 얼마나 많은 사람들을 찾아다니며 제가 어떻게 해야 하는가를 물었는지 모릅니다. 말씀에 대한 지식은 있었지만 그 지식을 풀어서 삶에 적용할 수 있는 지혜가 없었죠. 결국에는 하나님의 말씀을 이해하지 못하는 데서 제 어리석음이 시작되었음을 깨닫게 되었습니다.

그런 와중에도 성령께서는 어느 때든 제가 말씀을 읽는 것과 기도하는 것을 포기하지 않게 해주셨습니다. 이것이 얼마나 큰 은혜였는지 모릅니다. 또 다른 은혜는 하나님께서 제 주위에 준비해두신 사람들이었죠.

사람은 혼자서 살아갈 수 없습니다. 누군가의 도움이 필요할 때가 있고, 그때 도움을 요청하면 도울 사람들이 나타나기도 합니다. 또한 어느 지점에 이르게 되면 반드시 함께할 사람들이 나타납니다. 그렇게 서로 도움을 주기도 하고, 정반대로 서로 괴롭히는 사람이 되기도 합니다. 이 모든 일은 하나님의 주권 아래 있습니다. 어떤 사람들은 혼자서도 인내하고 견뎌낼 수 있다고 생각하지만, 사실 참된 하나님의 은혜란 혼자서는 아무것도 할 수 없음을 깨닫는 것입니다. 그리고 하나님께서는 기도의 응답을 주실 때 사람을 통해서 역사하시는 경우가 많습니다.

주 안에 거하는 사람들은 이해되지 않는 무수한 일들을 통과하면서 신앙의 성장을 경험합니다. 영광을 누리는 때도 있지만 인간 막대기로 다루시거나 채찍을 가하시는 것처럼 아픈 고난과 고통을 만나기도 합니다.

이런 의미에서 교회는 훈련의 장이라고 할 수 있습니다. 우리의 대제사장이신 예수 그리스도께서 머리가 되셔서 몸 된 교회의 지체로 부르신 우리가 교회의 건강한 일원이 될 수 있도록 양육하고 돌보십니다. 또한 잘못과 실수에 대해 경고하고 가르치시고, 자신의 위치에서 직임을 잘 감당할 수 있도록 은사와 능력과 축복을 주십니다. 그리고 그리스도의 장성한 분량에까지 자라 복음의 비밀을 담대하게 전할 수 있도록 '인생의 광야'를 경험하게 하십니다.

이는 성도를 온전하게 하여 봉사의 일을 하게 하며 그리스도의 몸을 세우려 하심이라 우리가 다 하나님의 아들을 믿는 것과 아는 일에 하나가 되어 온전한 사람을 이루어 그리스도의 장성한 분량이 충만한 데까지 이르리니 이는 우리가 이제부터 어린아이가 되지 아니하여 사람의 속임수와 간사한 유혹에 빠져 온갖 교훈의 풍조에 밀려 요동하지 않게 하려 함이라 오직 사랑 안에서 참된 것을 하여 범사에 그에게까지 자랄지라 그는 머리니 곧 그리스도라 그에게서 온몸이 각 마디를 통하여 도움을 받음으로 연결되고 결합되어 각 지체의 분량대로 역사하여 그 몸을 자라게 하며 사랑 안에서 스스로 세우느니라

엡 4:12-16

제게도 이런 일들은 자주 일어났습니다. 하나님께서 행하신 기이한 일들도 많이 만났죠. 여러분도 주님과 함께 인생길을 걷다가 어느 날 뒤를 돌아보면 주님이 사람들을 보내심으로 때를 따라 도우신 은혜를 발견하고 감격할 것입니다. 당시에는 힘들고 어려운 시간들을 홀로 겪는 것 같지만, 훗날에는 그분이 항상 우리와 동행하고 계셨다는 사실을 알게 될 것입니다.

인생의 광야를 지날 때 하나님의 말씀을 묵상하는 일은 제게 힘과 용기를 주었고, 모든 일을 행함에 그리스도 안에 거하게 함으로 어려

움을 이기게 했습니다.

로뎀나무 아래에 누워 자더니 천사가 그를 어루만지며 그에게 이르
되 일어나서 먹으라 하는지라 본즉 머리맡에 숯불에 구운 떡과 한 병
물이 있더라 이에 먹고 마시고 다시 누웠더니 여호와의 천사가 또 다
시 와서 어루만지며 이르되 일어나 먹으라 네가 갈 길을 다 가지 못
할까 하노라 하는지라 이에 일어나 먹고 마시고 그 음식물의 힘을 의
지하여 사십 주 사십 야를 가서 하나님의 산 호렙에 이르니라
엘리야가 그곳 굴에 들어가 거기서 머물더니 여호와의 말씀이 그에
게 임하여 이르시되 엘리야야 네가 어찌하여 여기 있느냐 그가 대답
하되 내가 만군의 하나님 여호와께 열심이 유별하오니 이는 이스라
엘 자손이 주의 언약을 버리고 주의 제단을 헐며 칼로 주의 선지자들
을 죽였음이오며 오직 나만 남았거늘 그들이 내 생명을 찾아 빼앗으
려 하나이다 여호와께서 이르시되 너는 나가서 여호와 앞에서 산에
서라 하시더니 여호와께서 지나가시는데 여호와 앞에 크고 강한 바
람이 산을 가르고 바위를 부수나 바람 가운데에 여호와께서 계시지
아니하며 바람 후에 지진이 있으나 지진 가운데에도 여호와께서 계
시지 아니하며 또 지진 후에 불이 있으나 불 가운데에도 여호와께서
계시지 아니하더니 불 후에 세미한 소리가 있는지라
엘리야가 듣고 겉옷으로 얼굴을 가리고 나가 굴 어귀에 서매 소리가
그에게 임하여 이르시되 엘리야야 네가 어찌하여 여기 있느냐 그가

대답하되 내가 만군의 하나님 여호와께 열심이 유별하오니 이는 이 스라엘 자손이 주의 언약을 버리고 주의 제단을 헐며 칼로 주의 선지 자들을 죽였음이오며 오직 나만 남았거늘 그들이 내 생명을 찾아 빼 앗으려 하나이다 여호와께서 그에게 이르시되 너는 네 길을 돌이켜 광야를 통하여 다메섹에 가서 이르거든 하사엘에게 기름을 부어 아 람의 왕이 되게 하고 너는 또 님시의 아들 예후에게 기름을 부어 이 스라엘의 왕이 되게 하고 또 아벨므홀라 사밧의 아들 엘리사에게 기 름을 부어 너를 대신하여 선지자가 되게 하라 하사엘의 칼을 피하는 자를 예후가 죽일 것이요 예후의 칼을 피하는 자를 엘리사가 죽이리 라 왕상 19:5~17

갈멜산에서 바알의 선지자들과 대결해 승리한 엘리야는 자신의 사역을 다 마쳤다고 생각하고 하나님께 자신의 생명을 거두어주시 길 구합니다. 그는 아무것도 하지 않고 하나님의 처분만을 바라는 것 처럼 보입니다. 그때 하나님께서 천사를 보내셨습니다. 로뎀나무 아 래서 자신만이 홀로 남아 선지자 역할을 하고 있다고 생각했던 엘리 야에게 하나님께서는 해결책을 주신 것이 아니라 천사를 통해 떡 한 덩이와 물 한 병을 준비해주셨습니다. 엘리야에게는 아직 사명이 남 아 있었고, 그는 이 사명이 무엇인지를 알아야 했죠.

떡 한 덩이와 물 한 병으로 힘을 얻은 그는 하나님의 말씀을 들을 수 있다고 생각한 호렙산으로 향합니다. 거기서 모세처럼 하나님의 임재와 현존을 보게 될 것이라고 생각했을 것입니다. 그는 하나님의 얼굴을 보기 원했지만 하나님은 광풍과 지진과 불 가운데 계시지 않았습니다. 그 모든 것이 지나간 후 그는 세미한 소리를 듣게 됩니다.

이전에 저는 이 말씀의 의미를 잘 알지 못했습니다. 제가 겪는 일들은 혼자만의 일이라고 생각할 때가 있었고, 하나님을 알지 못하는 사람들에게 확신을 주기 위해서 하나님의 역사를 제게 보여주시길 원하던 때도 있었습니다. 하지만 아무런 말씀이 없으신 그분 앞에서 기다리다가 지쳐갔습니다. 모든 것을 포기하려고 할 때에야 하나님께서 말씀하셨습니다.

'네가 아니어도 나는 일을 할 수 있어. 네가 아니어도 이 일들을 수행할 사람들이 많다는 것을 너는 알아야 해.'

그 말씀에 순종하는 마음으로 묵묵히 걸어가다 모든 일들이 결국 저를 위해 일어난 것임을 알게 되었죠. 광풍과 지진과 불이 지나간 후 하나님의 침묵과 부재와 같은 시간을 지나면서 말입니다. 오직 주님만을 찾을 수밖에 없음을 고백하게 되는 그 시간들을 통과하고 나서 나와 동행하신 하나님의 흔적을 볼 수 있는 것은 은혜입니다.

그것은 저만 겪는 일이 아니었습니다. 많은 사람들이 자신 안의 죄성으로 인해 하나님과 분리되어 진정한 평안과 기쁨을 누릴 수 없는 상태에서 경험하는 일이었죠. 그나마 주님을 만나고 주께서 가르치시는 말씀을 따라 방향을 돌린다면, 그때부터는 지치고 넘어지더라도 제대로 된 길로 갈 수 있습니다. 그리고 제가 주님의 말씀을 듣지 못할 때라도 꿈과 환상으로, 주위에 있는 사람들을 통해 방향을 잃지 않고 끝까지 갈 수 있도록 힘을 주셨습니다.

그리고 마음의 눈을 밝혀주셨죠. 이전에는 나 혼자 힘으로만 해결하려고 하고 나에게만 집중되어 있었다면, 마음의 눈이 밝아진 후에는 가족들과 함께 보내는 시간들과 교회와 나라와 열방을 생각할 수 있게 하셨습니다.

하나님께서 보내신 천사의 도움으로 호렙산으로 나아간 엘리야에게 세미한 음성으로 주어진 말씀은 하사엘에게 기름을 부어 아람 왕이 되게 하고, 예후가 훗날 이스라엘 왕이 되도록 기름을 부으며, 그의 사역을 이을 엘리사에게도 그렇게 하라는 것이었죠. 이것이 그에게 주어진 새로운 임무이자 비전이었습니다.

저도 주위에 있는 사람들을 통해서 하나님께서 원래 의도하셨던 제 길과 모습을 찾아갈 수 있었습니다. 그리고 지금도 여전히 주님의 길을 따라가게 하시고, 주위 사람들을 통해 제게 주신 사명과 소명을 이루어가시는 주체가 하나님이심을 깨닫게 하십니다. "내가 세상 끝날까지 너와 함께할 거야!"라고 말씀하시는 임마누엘의 하나님이심을 말입니다.

누군가의 도움으로 하나님과의 관계가 회복되고, 떡 한 덩이와 물 한 병을 주는 이들로 인해 힘을 내고 다시 걸을 수 있게 되었다면 이들은 정녕 하나님께서 우리 인생 가운데 준비해 놓으신 수많은 천사들입니다. 그들로 인해 저는 힘을 얻고 다시 길을 걷게 되었습니다.

이전에는 제가 가고 싶은 길로 가는 것이 기쁨이었다면, 이제는 주님이 지정하신 길을 걷는 것이 더 유익하고 기쁜 일임을 압니다. 또한 많이 소유한 자가 아니라 행복을 가진 복된 자가 되었다고 감히 말할 수 있습니다. 그리고 가장 좋은 이것을 나누고 싶은 열정이 제 안에 생겼습니다. 물론 세상 사람들은 이해되지 않는 일에 대해서 시시비비를 가리려 할 수 있습니다. 두 마음을 지녔던 이전에는 이로 인해 갈등하고 번민하기도 했지만 이제는 주님을 따라가는 일이 기쁘고 즐거워졌기에 담대히 나눌 수 있습니다.

"주님! 기도하며 주님과 함께 끝까지 가는
행복한 사람이 되고 싶어요.
그래서 저도 다른 사람들에게 힘을 줄 수 있는
천사 같은 사람으로 한번 살아보겠어요."

힘을 얻는 길에는 두 가지가 있습니다.

첫째, 주위의 사람들입니다. 하나님은 사람을 통해서 역사하시기 때문입니다.

둘째, 우리 안에 내주하시는 성령님입니다.

우리는 기도를 통해서 내주하시는 성령께 힘과 능력을 얻을 수 있고, 기도할 수 없을 때는 주위 사람들을 통해 위로와 권면과 안위를 받을 수 있습니다.

그러나 사람을 의존하는 인본주의의 신앙으로 기도한다면 하나님께서는 우리를 도우실 수 없습니다. 하나님께서는 자신의 정체성, 즉 하나님을 예배하는 공동체라는 것을 아는 자에게만 하나님의 것들을 나누어주실 수 있기 때문입니다. 그런 의미에서 교회와 가정은 구원받은 백성을 위해 주신 은혜의 장소입니다.

홀로 모든 일을 겪는 것과 같은 외로움 가운데 있을 때 결코 혼자가 아니라는 것을 가르쳐주시는 하나님의 말씀을 읽고, 묵상하고, 기도하지 않으면 자기 연민으로 인해서 자신의 생각에 갇힌 하나님을 만날 수밖에 없습니다.

'고난이 유익'이라는 말씀은 우리가 고난을 통해서 기도할 수밖에 없는 상황을 맞게 되고, 그 기도를 통해서 주님의 뜻과 비전을 알게 되며, 그 주님의 인도하심을 따라 기쁨과 즐거움으로 고난을 극복할 수 있는 힘을 얻는 훈련을 할 수 있기 때문입니다.

이런 과정을 통과할 때 우리의 연약함을 아시는 하나님께서는 그분의 긍휼로 천사와 같은 사람들을 보내셔서 우리로 힘을 얻게 하십니다. 그러므로 무작정 돕는 사람들이 오기를 기다리는 것보다는 기도하며 주님이 주시는 힘을 구하는 것이 더 지혜로운 길입니다.

CHAPTER

02

주님, 저는 주님과 단둘이 만나는 시간이
가장 행복합니다!

골방에서의 만남

: 개인기도의 시작

개인기도의 자리는 주님과 대면하는 자리입니다. 주님이 말씀하시는 것에 순종하려는 의지가 드려지는 자리이기도 하죠. 그렇게 하려면 우선 자신을 알아야 합니다. 숨겨진 옛 자아는 주님의 말씀의 빛 아래 설 때에야 드러나기 시작합니다. 그리고 자신에 대해 알면 알수록 주님을 의지해야 하는 이유를 깨닫게 되며 주님을 더욱 의지하는 사람이 되어갑니다.

'하나님, 어떻게 하면 하나님을 만날 수 있지요? 어떻게 하면 다른 사람들처럼 하나님의 음성을 듣고 순종해서 모든 일들이 형통하게 되는 것이지요?'

얼마나 간절하게 바랐는지 모릅니다. 하나님을 믿는다고 하면서도 하나님에 대해서 아는 것이 아무것이 없는 제게는 상식의 테두리 안에서 해석할 수밖에 없는 말씀과 상황들이 혼돈과 문제 덩어리일 뿐이었습니다.

'하나님! 제가 어떻게 하기를 바라세요? 제가 다른 이들에게 무조건 지고, 인내하고, 양보하고, 손해 보는 것을 원하세요?'

하나님을 향한 이런 소심한 반항들이 쌓여갔습니다. 그러나 하나님은 아무런 대답이 없으셨고, 저는 오랜 시간 투정하고 볼멘소리를 하며 살았죠.

결혼 초에는 집에서 혼자 기도하기가 어려웠습니다. 그나마 혼자 있는 공간인 부엌에서 일할 때나 마당에서 나무에 물을 줄 때, 빨래를 할 때 외에는 중얼거리며 기도할 수 있는 마땅한 곳을 찾을 수가 없었죠.

그러다 첫딸이 4학년될 때쯤 이사를 했습니다. 그 집에서는 현관 바로 앞에 있는 가장 따뜻한 방을 기도방으로 정했죠. 그 후로 하나님과 깊은 관계를 맺고 싶을 때나 갑자기 어려운 일들이 닥칠 때면 어김없이 그 방으로 들어갔고, 하나님은 평안을 주셨습니다. 하나님의 응답은 대부분 저를 이해시키시는 것이었죠. 왜 제가 기다려야 하고 양보해야 하는지, 왜 그런 일들이 손해 보는 것이 아닌지를 말씀해주셨습니다.

남편은 회사에서 퇴근해 집에 오면 그 방으로 들어가 하나님과 만났습니다. 그리고 그 방에서 하나님을 경험했습니다. 하나님과의 만남이 이루어지면 하나님의 말씀에 대한 순종도 이루어집니다. 하나님은 우리의 시시콜콜한 일상에도 개입하셨습니다. 어떤 때에는 외면하고 무시하고픈 생각이 굴뚝같았지만 하나님의 사랑은 해결되지 않은 문제에서 끈질기게 떠나지 않으셨죠. 하나님은 우리의 힘으로 할 수 없었던 일들을 가능케 하셨습니다.

자녀를 키우다 보면 부부 간에 의견 대립이 일어나기 일쑤입니다. 한참 동안 각자의 의견을 말하다 보면 어김없이 다투는 상황으로 발전하게 됩니다. 우리 부부도 그랬습니다.

남편은 대화중에 제가 신앙적인 언어를 사용하면 그것이 못마땅해서 제 정곡을 찌르는 말을 했고, 저는 성경에 기준한 것이라며 심판의 잣대를 남편에게 들이댔습니다. 서로의 마음은 무너지기 시작했고 점점 피폐해져갔습니다. 그러다 어느 지점에 이르자 더 이상은 우리의 힘으로 해결이 어렵다는 것을 알게 되었습니다. 그때 남편이 말했습니다.

"당신, 하나님께 물어봐! 하나님께서 당신더러 그렇게 살라고 하시는지…."

이럴 때 하나님과의 대면은 비수로 가슴을 찌르는 것처럼 몹시 아팠습니다. 이사를 하고 바뀐 것이 있다면 우리의 다툼이 멈추기 시작한 것이었죠. 한계에 이르면 각자 기도하는 골방으로 씩씩거리며 들어갔습니다.

'현미야! 네가 그렇게 우기는 이유가 무엇이냐? 나를 위해서냐, 아

니면 너를 위해서냐?'

'아니, 제 말이 옳잖아요. 저 사람이 하는 말 좀 보세요. 말에서 못된 마음이 보이잖아요!'

'그럼 너는?'

'제가 항상 져주는 것을 못 보셨어요? 저 사람이 억박지르면 저는 멈추고 다 져주잖아요!'

'너는 하나도 져주지 않았다. 너는 끝까지 이기고 싶어 했어!'

'그러면 저더러 어떻게 하라는 거예요? 이렇게 하는 것만도 어려워요. 하나님께서는 제게만 바라시는 것 같아요. 저 사람에게도 찾아가서서 혼을 좀 내주시든지요!'

'네가 가서 온순하게 말을 해봐. 그러면 들을 거야. 네 남편은 달라졌어. 그러니 내가 하라는 대로 해보고 다시 말하면 어떨까?'

'말해도 소용이 없을 걸요. 얼마나 많이 해본 일인데요.'

'그래도 한번 말을 해봐.'

사람의 행위가 자기 보기에는 모두 깨끗하여도 여호와는 심령을 감찰하시느니라 잠 16:2

갑자기 생각난 이 말씀이 제 입을 막아버렸습니다.

'주님이 해보라고 하시니 해보겠지만 전 그리 기대하지 않아요.'

그러면서도 저는 알 수 없는 기대를 품고 남편에게 갔습니다.

"여보! 미안해요."

"나도 뭐 잘한 것은 없지. 다음부터는 우리 이러지 말자!"

돌아온 남편의 대답이 놀라웠습니다.

골방기도를 하는 동안 하나님께서 서로의 마음을 바꿔주셨고, 그로 인해 이전보다 많이 누그러진 마음으로 서로를 대하게 되었죠. 은밀한 중에 만나주시는 주님은 우리가 성령의 인도를 받을 수 있도록 말씀을 기억나게 하시고, 그 말씀에 실제로 순종할 수 있도록 힘을 주시고 도와주셨습니다.

이후 우리 부부는 교회에 더 열심을 낼 수 있었습니다. 저는 더욱 열정을 가지고 하나님께서 예비하신 일들을 하기 위해 새벽에 일어나 기도했죠. 그렇게 홀로 기도할 때면 하나님께서 제게 말씀을 주시며 많은 것들을 생각하게 하셨고, 그 생각들이 지혜와 전략과 비전으로 바뀌는 역사가 일어났습니다. 그때 제가 가장 많이 한 것은 '회개'였습니다. 홀로 은밀하게 주님과 만나는 기도의 시간은 제 모습을 적나라하게 드러냈기 때문입니다.

이렇게 주님을 닮아가고자 애쓰며 한걸음씩 가다보면 언젠가는 목적지에 도착해 있을 것이라 기대하며 기쁘고 즐겁게 가는 것을 선택하고, 다른 길로 가지 않도록 서로를 격려했습니다.

기도의 골방은 자신과의 싸움이 치열하게 일어나는 영적전쟁의 장입니다. 그곳에서 주님이 제게 왕이 되시면 저는 주님이 주시는 승리를 맛볼 수 있었습니다. 그러나 주님은 홀로 싸우시는 것이 아닙니다. 그분이 이미 이기신 전쟁에서 제가 얼마나 주님을 믿고 신뢰하느냐에 따라 승패가 갈라진다는 것을 경험합니다. 그렇기에 믿음은 점점 자라나야 하고, 그 믿음이 자랄 수 있는 곳은 주님과 독대하는 장소와 시간입니다.

거기서 지금까지의 의문을 파하시는 주님을 만나고 묻고 해결하는 일이 이루어진다면, 무엇이 우리를 의심으로 끌고 갈 수 있을까요. 그래서 저는 이 일만큼은 양보하지 않기로 결단합니다. 주님과 독대하는 시간은 세상이 줄 수 없는 하늘의 것들을 선물해주기 때문이죠.

하나님께서는 당신과의 일대일 관계를 무척이나 좋아하십니다. 기도는 하나님과 이 관계를 맺기 위해 사용하는 은혜의 수단입니다. 그러므로 하나님께 나아가 진정한 나눔을 갖기 위해서는 마음의 여유를 가지고 스스로를 돌아보고 정결한 마음으로 준비하는 과정이 필요합니다.

우리의 진정한 복은 건강이나 물질, 기업이나 자녀의 성공 이전에 하나님과의 관계에 있습니다. '상태의 복'으로는 우리의 인격이나 성품, 영성 등을 말할 수 있습니다. 그런 면에서 우리가 예수님을 닮아 좋은 상태를 유지할 수만 있다면 그 외의 '소유의 복'도 더불어 얻을 수 있을 것입니다. 그래서 주님은 이렇게 기도하라고 말씀하십니다.

또 너희는 기도할 때에 외식하는 자와 같이 하지 말라 그들은 사람에게 보이려고 회당과 큰 거리 어귀에 서서 기도하기를 좋아하느니라 내가 진실로 너희에게 이르노니 그들은 자기 상을 이미 받았느니라 너는 기도할 때에 네 골방에 들어가 문을 닫고 은밀한 중에 계신 네 아버지께 기도하라 은밀한 중에 보시는 네 아버지께서 갚으시리라 또 기도할 때에 이방인과 같이 중언부언하지 말라 그들은 말을 많이 하여야 들으실 줄 생각하느니라 그러므로 그들을 본받지 말라 구하기 전에 너희에게 있어야 할 것을 하나님 너희 아버지께서 아시느니라 마 6:5-8

우리의 기도 생활도 세속적이 될 수 있습니다. 외식하는 자와 같이 위선자가 될 수 있다는 것입니다. 옷을 입기 시작하면서 우리는 위선을 배웠습니다. 다른 사람들의 눈을 의식하고, 그들의 평가로부터 자유롭지 못한 자신을 발견합니다. 그래서 하나님과의 기도는 골방에 들어가 은밀한 중에 계시는 아버지께 하는 것임을 가르쳐주십니다(마 6:6). 하나님과의 진지한 대화는 우리의 생각과 인생의 방향, 그리고 가치관과 인생의 목적을 인도해주는 유일한 방법일 수 있기 때문이죠. 또한 이방인의 기도와 같이 중언부언하지 말라고 말씀하십니다(마 6:7,8).

이방인들은 자신의 기도를 들어달라며 종일 주문을 외우듯 하나님을 향해 졸라댑니다. 사무엘상 8장에서 이스라엘 백성이 자신들을 다스릴 왕을 요구하는 이야기에서 이 모습을 볼 수 있습니다. 또 나중에 이야기하게 되겠지만, 누가복음 18장에는 불의한 재판장에게 강청하는 여인의 기도가 나옵니다. 두 이야기는 조금 다른 경우를 말합니다.

하나님을 졸라서 얻어낼 수 있는 것이 있습니다. 그러나 그것이 꼭 하나님께서 원하시는 것인지는 알 수 없습니다. 이스라엘의 왕은 하나님께서 원하시던 게 아니었습니다. 왕은 오직 하나님 한 분뿐이시기 때문입니다. 진실로 하나님께서 원하시는 것은 우리의 마음이 하나님의 마음과 통하는 것입니다.

> 맑은 물을 너희에게 뿌려서 너희로 정결하게 하되 곧 너희 모든 더러운 것에서와 모든 우상숭배에서 너희를 정결하게 할 것이며 또 새 영을 너희 속에 두고 새 마음을 너희에게 주되 너희 육신에서 굳은 마음을 제거하고 부드러운 마음을 줄 것이며 겔 36:25,26

이 말씀대로 주님은 제가 성령의 능력으로 정결해지도록 제게 그리스도를 증거해주셨습니다. 하나님은 기도의 자리에서 제 굳은 옛사람의 습성을 보게 하시고, 그 어두움에서 빛으로 인도하셨으며, 지난날 하나님보다 더 소중하게 여겼던 것들에서 떠날 수 있게 하셨습니다. 또한 예수 그리스도의 십자가 용서를 경험하게 하셨죠. 그 사랑 안에서 저는 이전과는 다른 사람으로, 하나님의 자녀다운 모습으로 성화되고 있습니다. 이제는 이 모든 것이 오직 주님의 은혜라는 것을 압니다.

"주님, 저는 주님과 단둘이 만나는 시간이
가장 행복합니다!"

성부 하나님께서는 만물을 창조하시고, 성자 하나님께서는 지혜의 근원이 되셔서 만물을 디자인하시며, 성령 하나님께서는 그 모든 것을 효과 있게 나타내시는 힘(power)과 능력으로 역사하십니다.

그 성령께서 구원받은 우리가 세상에서의 영적전쟁 가운데 승리할 수 있도록 우리 안에 내주하사 그 힘과 능력을 부어주시는 것입니다. 기도하는 목적을 잃어버리면 개인기도의 방향이 잘못될 수 있습니다. 기도하는 목적은 하나님을 만나는 것이고, 그분과 대화하는 것이며, 자신의 정체성을 아는 것입니다.

자기중심적인 응답을 기대하고 하는 기도는 응답되더라도 하나님의 영광을 나타내지 못합니다. 시간이 흘러도 응답받은 사람의 삶에서 그리스도의 향기를 내는 열매가 맺히지 않습니다.

개인기도에서 중요한 것은 자신의 삶을 비추는 말씀을 묵상하는 것입니다. 그리고 비춰진 죄악과 이기적인 성품들이 회개의 합당한 열매를 맺는 것입니다. 즉 삶 속에서 행동이나 태도, 언어 등이 주님을 닮아가는 성품으로 전환되는 일들이 일어납니다.

또한 아름다운 열매가 맺어지는 것, 즉 우리 안에 내주하시는 성령의 열매는 하나님께 의탁하는 개인기도의 결과라고 할 수 있습니다. 우리 안에서 요청하시는 성령님의 거룩한 요구에 순종하는 일들이 바로 기도 가운데 이루어지기 때문입니다.

CHAPTER
03

주님, 다시 한번 기도해보겠어요!

만남의 시작

: 하나님의 임재와 현존의 경험

제 인생에서 참으로 감사한 것 중 하나는 행복한 유년 시절을 주신 것입니다. 어머니의 긍정적인 삶의 방식은 제게 큰 영향을 끼쳐서 어떤 일에서나 스스로 이겨내려는 강한 의지를 갖게 해주었습니다. 아버지에 대한 상처를 제외하면 그다지 나쁠 것이 없었죠.

하지만 결혼 후에는 많은 어려움을 만났습니다. 그 개인적인 어려움들이 어느 정도 해결되자 교회에서 일을 맡기 시작했습니다. 교회는 가정 외에 제게 맡겨진 또 다른 공동체였습니다. 교회에서는 여성 홀로 교회에 출석해서 부부 순모임에 가기 어려운 여성들로 구성된 순(공동체)을 만들었습니다. 저는 그 순을 맡아 섬기는 순장이 되었죠. 당시 시아버님의 병환으로 시어머님이 심약해지셔서 잠시 친구를 만날 틈을 찾기도 어려운 환경에 있던 제게 여성 순모임은 하나님의 선물이라는 생각이 들었습니다.

저를 포함해 3명으로 시작한 순은 매주 배로 성장했습니다. 그리고 4개월 정도가 지나자 22명가량이 한 가정에서 모이게 되었죠. 모두가 저보다 형편이 좋고, 활동도 자유로웠습니다. 저는 그 시간을 섬기기 위해 새벽에 일어나 교회로 달려가서 말씀을 준비하고, 틈만 나면 성경을 읽는 것이 습관이 될 정도로 몰입했습니다. 하나님의 일을 한다는 자체가 그저 좋기만 했죠.

저는 기도는 습관이 되어야 한다는 지론을 갖고 있습니다. 육체를 쳐서 복종하려면 신비로운 어떤 힘에 의한 것보다는 마음에 주시는 것들에 육체가 반응해야 하는 일이 더 많다고 생각합니다. 예를 들어 집에서 기도하다가 지금 당장 교회 예배당으로 옮겨달라는 기도나 남자와 여자가 단둘이 무인도에 가면서 절대로 죄를 범하지 않도록 지켜달라는 기도는 결국 같은 것이라고 할 수 있습니다. 이럴 때는 그냥 예배당으로 가야 하며, 무인도에 가지 말아야 하는 육체의 훈련이 응답이 됩니다. 그러나 어처구니없게도 우리는 마음에 있는 이기심을 거룩함으로 가장해서 하나님을 움직여 기적과 같은 일들을 기대하는 때가 얼마나 많은지 모릅니다.

제가 기도를 시작할 때는 갈 곳이 없고 마음이 불안할 때라 그저 교회에서 자면서 지내곤 했습니다. 하루하루 마음을 쏟을 곳이 없어 교회의 장의자에 앉아 눈물을 흘리거나 피곤해서 잠을 자기도 했습니다. 그러다가 어느 날 이상한 일이 벌어졌습니다. 사방의 모든 것들이 소리를 내는 것처럼 말하기 시작했죠. 하나님께서 제 상상력을 최대한 사용하셔서 대화를 시작하신 것입니다. 주님의 말씀에 근거한 생각들과 상상력이 동원되기 시작했습니다. 이전에 없었던 일을 일으키는 것은 내주하시는 성령으로 인해 주어집니다.

그러나 진리의 성령이 오시면 그가 너희를 모든 진리 가운데로 인도하시리니 그가 스스로 말하지 않고 오직 들은 것을 말하며 장래 일을 너희에게 알리시리라 요 16:13

'현미야! 지금 네가 무엇을 하려고 하는 것이냐?'

'저는 제 마음속에서 원하는 것들을 이루고 싶어요.'

'너를 위한 것이냐, 아니면 나를 위한 것이냐?'

'물론 주님도 위한 일이지요. 주님은 제가 잘 되는 것을 바라시잖아요.'

'오로지 나를 위한 일이면 안 되겠느냐?'

'그렇게 하는 것이 어떤 것인데요?'

'네 소망보다는 내가 말하는 것, 네 성공보다는 내가 영광을 받는 것, 네 유익보다는 나를 위한 것 말이다.'

'제가 생각하는 모든 것이 그런 것들이 맞아요. 그러니 제가 드리는 기도에 응답하셔야 해요.'

그렇게 주님과의 대화는 어긋나기만 했습니다. 저는 제 말만 하고 있었고, 주님은 주님의 말씀을 하셨습니다. 이러한 충돌은 계속해서 일어났고, 충돌이 계속될수록 말이 많아졌습니다.

그때부터 저는 제 자신에게도 말하기 시작했고, 그러한 대화는 끊임없이 이어졌습니다. 하지만 스스로는 그것을 영적이라고 생각하지 않았고, 그 일들은 일상처럼 진행되었습니다. 그런데 이전과는 다른 일들이 벌어지기 시작했죠. 제 상상력 속으로 성경 말씀들이 간섭해 들어오면서 그 상상력들을 교정하기도 하고 더 용기를 불러일으키기도 했습니다.

모든 성경은 하나님의 감동으로 된 것으로 교훈과 책망과 바르게 함과 의로 교육하기에 유익하니 이는 하나님의 사람으로 온전하게 하며 모든 선한 일을 행할 능력을 갖추게 하려 함이라 딤후 3:16,17

먼저 알 것은 성경의 모든 예언은 사사로이 풀 것이 아니니 예언은 언제든지 사람의 뜻으로 낸 것이 아니요 오직 성령의 감동하심을 받은 사람들이 하나님께 받아 말한 것임이라 벧후 1:20,21

무엇이든지 전에 기록된 바는 우리의 교훈을 위하여 기록된 것이니 우리로 하여금 인내로 또는 성경의 위로로 소망을 가지게 함이라

롬 15:4

세상은 제게 괴로운 곳이었으나 교회는 안식처였습니다. 아버지를 상실한 제게 교회는 진정한 아버지 하나님을 만날 수 있는 곳이 되어주었습니다. 저녁에 일과를 마치고 돌아오면 몸은 힘이 들고 지쳐 있었지만 교회에서 기도했던 자리가 저를 부르는 것처럼 무엇인가 잡아당기는 느낌이 계속되었고, 저는 즉시 반응했습니다. 교회에는 세상에서 느낄 수 없는 안정감이 있었기 때문이죠. 여러 가지 고민거리로 잠을 자기 어려웠던 저는 새벽 2시까지 기도하다 잠이 들기가 일쑤였습니다.

당시에는 교회의 예배당 건축이 아직 끝나지 않아서 낡은 문을 열고 나가면 바로 바깥이었습니다. 그래서 잠시 잠을 자려고 누웠다가도 바람에 문이 삐거덕거리기만 하면 깜짝 놀라 깼습니다. 꿈을 자주 꾸었고, 가끔은 악몽도 꾸었습니다. 저는 이런 것들에서 벗어나고 싶었습니다.

당시 교회는 부흥회도 갖고 선교사님들도 초청해서 성도들의 믿음을 세워주고자 했고, 저는 어리숙한 실력으로 새벽기도와 성가대 반주를 했습니다. 초등학교 4학년 때 3개월 정도 학원에 다닌 것과 오빠가 사준 교본으로 혼자 코드를 익히며 뚱땅거렸던 것이 전부여서 음이 틀리기 일쑤였는데, 신기하게도 그 자리가 그렇게 좋을 수 없었습니다.

제 상상력은 점점 확장되어 눈으로 보이는 것 같고, 귀로 들리는 것 같고, 향기와 냄새도 맡을 수 있었죠. 저는 이런 일들을 다른 사람에게 말하면 미쳤다는 소리를 듣게 될까봐 좀처럼 말하지 않았습니다. 지금 생각해보면 그것이 저를 보호해준 은혜가 아닌가 싶습니다.

제 긍정적인 상상력을 잘 사용하던 어느 날, 세련되고 예쁘게 생긴 이 집사님이 교회에 출석했습니다. 제가 사는 아파트 같은 동으로 이사오게 된 것입니다. 저는 그 집사님을 처음 봤을 때부터 좋아하지 않았습니다. 지금 같으면 제 마음을 들여다보고 기도하며 지혜를 구했을 텐데 그때만 해도 저는 하나님의 마음보다는 제가 받은 교육과 윤리의 기준을 가지고 판단할 뿐이었죠. 때로는 혼자 판단하는 것이 어려워 저와 느낌이 같은 사람을 찾아보려 애를 쓰기도 했습니다. 그래서 제가 가장 영적이라고 생각했던 아래층 정 집사님에게 도움을 요청했습니다. 시간이 지나서 생각해보니 그때 저는 영적인 일들과 삶을 나누어서 생각했고, 영혼을 사랑하기보다는 제게 나타나는 현상과 느낌 등을 증명하고 싶어 했던 것 같습니다.

아래층 정 집사님과 저는 이사 온 이 집사님에게 함께 예배드리기를 청했습니다. 같은 교회에 다니게 되었고, 이 집사님이 자신을 꽤 영적이라고 말했기 때문이었죠. 그 자리에는 친하게 사귀기 시작한 9층의 박 집사님도 함께했습니다. 함께 기도를 시작했는데, 저는 긴장이 되어 아무것도 생각할 수가 없었습니다. 그때의 느낌은 그저 무서움과 두려움뿐이었습니다.

그리 영적이지 않았던 저는 기도가 끝나자 안도의 숨을 쉬며 집으로 왔는데, 정 집사님은 기도하다가 환상을 보았다고 했습니다. 그 환상 속에서 이 집사님이 자신의 심장을 향해 칼을 꽂는 듯했다고 했습니다. 또 박 집사님은 그 이후로 얼굴의 반쪽에 뭔가 씌운 듯 이상한 현상이 생겨나 한동안 어려운 시간을 보냈다고 했습니다.

이런 일이 있은 후 저는 이 집사님을 조심해야 할 사람이라고 생각하며 거리를 두었고, 교회에서는 이 집사님을 유심히 관찰했습니다. 그가 하는 모든 일이 거슬리게 보이기 시작했죠. 그즈음 목사님은 교인 몇 사람과 함께 이스라엘로 성지순례를 가셨는데, 그동안 일이 벌어졌습니다. 막 교회생활을 시작한 저는 제 생각을 같은 구역식구들에게 말했고, 제 생각을 들은 그 분들이 아무런 말도 하지 않기에 제 말을 인정해주는 줄로만 알았습니다. 그러나 구역식구들은 이 집사님과 가까이 지내고 있었고, 이 집사님이 좀 이상하다고 했던 제 말은 성지순례에서 돌아오신 목사님께 바로 전해졌습니다.

교회의 분위기가 이상해졌고, 저는 목사님께 불려가게 되었죠. 그리고 정 집사님과 기도원을 다녀온 것이 잘못되어서 제가 영적으로 이상한 사람이 되었다는 말이 돈다는 것도 알게 되었습니다. 저는 무척 억울했습니다. 그렇지 않아도 살기가 버거운 때였는데 타지에서의 생활이 더 외로워졌습니다. 저는 이곳저곳에서 수군거리는 교인들의 반응을 꿋꿋하게 무시할 수밖에 없었죠. 그러면서도 기도를 하면 언젠가 제게 보여주셨던 환상과 느낌이 옳다는 것을 하나님께서 증명해주실 것 같았습니다.

장사를 하는 것만도 힘겨웠던 차에 그런 일이 겹치자 저는 무척이나 예민해졌고, 환상을 보는 일도 잦아졌습니다. 특히 이 집사님이 나타나면 이상한 냄새가 났고, 그녀가 이상한 동물의 형상으로 생각되기도 했습니다. 그럴 때면 제가 정말 잘못된 게 아닌가 하는 생각도 들어 더 기도에 힘썼습니다.

그때의 저는 성경에 나타난 하나님의 마음에 대해 정말 무지했다는 것을 나중에야 알았습니다. 그래서 나타나는 현상으로만 상황을 정리할 수밖에 없었고, 그 일들은 오류가 발생할 소지를 다분히 내포하고 있었던 것이죠. 단지 일어난 일들에 대해서 말하고 싶었던 저는 이미 영적으로 잘못된 사람으로 교회에서 낙인이 찍힌 것 같았습니다. 저는 사람들에게 큰 상처를 받았습니다.

얼마 후 여선교회를 총괄하시는 권사님께서 꿈을 꾸신 일에 대해 듣게 되었습니다. 꿈에 나타난 이 집사님의 형상은 뱀의 모양을 가진 몸과 여우의 것과 같은 꼬리를 가진 흉측한 동물과 같았다는 것이었죠. 그 말을 들은 저는 이 집사님이 잘못된 사람이라고 확신했습니다. 성전에서 철야하고 새벽기도를 쌓으면서 제 결백이 증명될 수 있기를 바랐습니다.

3년째 되는 해에, 이 집사님과 목사님으로 인해 교회에 큰 시험이 되는 일이 일어났습니다. 처음부터 이 집사님이 탐탁하지 않았던 저는 '올 것이 왔구나' 하는 생각이 들었고, 하나님의 역사가 일어나 치리(治理)하시기를 기도했습니다. 교회는 아수라장이 되었죠. 목사님을 닮아 소박하고 진실하며 순전했던 성도들이 사납게 변해갔습니다. 편을 나누게 되었고, 싸움이 일어날 것 같은 험악한 분위기가 계속되었습니다. 그렇지만 하나님께서는 제게 위로를 주셨습니다. 그것은 하나님께서 세우신 교회는 무너지지 않는다는 약속이었고, 저는 그 약속을 굳건하게 믿었습니다.

내가 유오디아를 권하고 순두게를 권하노니 주 안에서 같은 마음을 품으라 또 참으로 나와 멍에를 같이한 네게 구하노니 복음에 나와 함께 힘쓰던 저 여인들을 돕고 또한 글레멘드와 그 외에 나의 동역자들을 도우라 그 이름들이 생명책에 있느니라 주 안에서 항상 기뻐하라 내가 다시 말하노니 기뻐하라 너희 관용을 모든 사람에게 알게 하라 주께서 가까우시니라 아무것도 염려하지 말고 다만 모든 일에 기도와 간구로, 너희 구할 것을 감사함으로 하나님께 아뢰라 그리하면 모든 지각에 뛰어난 하나님의 평강이 그리스도 예수 안에서 너희 마음과 생각을 지키시리라 빌 4:2-7

교회 안에서 일어나는 일들은 우리 모두를 가르치기 시작했습니다. 교인들 대다수가 목사님이 이전에 주셨던 말씀의 은혜를 기억하는 사람들이었지만, 한 마음이 되기는 어려웠습니다. 한 영혼이 얼마나 귀한 것인가를 경험하지 못한 저 또한 그 일에서 상처를 받았다고 생각해서 제 마음이 움직이는 대로 행했습니다.

그런 일이 있은 후 길을 걷다가 우연히 이 집사님과 마주쳤습니다. 그 눈에는 두려움이 있었지만, 얼마나 인생을 험하게 살아왔는지 제 앞에서 고개를 꼿꼿하게 들고 아들을 데리고 지나갔습니다. 순간 저는 한 번도 경험해보지 못한 긍휼을 느꼈지만 그동안의 거절감으로 인해 주님이 주시는 마음을 외면했습니다. 그리고 기도는 계속되었습니다.

몇 년이 넘도록 기도의 자리를 함께해온 집사님과 교회를 위해 기도했습니다. 그러나 교회는 점점 썰렁해지기 시작했고, 사람들은 이해가 되지 않는 상황을 이해해보려고 애를 썼습니다. 다행히도 감리교회는 감독제도가 있어서 담임목사님은 미국으로 가실 수 있게 되었죠.

이 일이 정리될 즈음 저는 둘째를 가져서 만삭인 상태였습니다. 곧 새로운 목사님께서 부임하셨는데, 부임하시던 날이 아직도 생생하게 떠오릅니다. 당시 교회는 목사님께 사택을 마련해 드릴 수 없는 상태였기에 남편과 저는 쇠고기 두 근을 사서 목양실로 찾아갔습니다. 아들 둘과 사모님, 세 명의 가족과 함께 부임 오신 그날은 쓸쓸하기 짝이 없었지만, 목사님 내외분은 교인들을 싸매주고 위로해주실 만큼 든든해 보였습니다.

얼마 후 저는 아이를 낳았고, 인천의 가게를 정리해서 시댁으로 들어가게 되었죠. 이 일들은 지금까지의 제 인생에서 가장 힘든 시기에 겪은 일들입니다. 또 한편으로는 남편이 세상에서 돌아와 저와 함께 믿음생활을 열심히 하기 시작하고, 저는 하나님의 일들에 대해서 눈을 뜨기 시작할 때였습니다. 한꺼번에 몰아닥친 일들로 인해 저는 쉴 새 없이 기도할 수밖에 없었습니다. 아마도 그때 기도 습관이 생겼던 것 같습니다.

그저 '마음을 착하게 먹어야지…' 하는 결심으로 지나온 시간들이었습니다. 주변 사람들은 제가 잘 견디는 것을 보고는 항상 하늘의 상급이 클 것이라고 했지만, 그때는 그런 말이 가장 듣기 싫었습니다. 저는 하나님께서 즉시 상급 주시길 원했기 때문입니다. 당시의 저는 외적으로는 하나님께서 원하실 것 같은 모든 일들을 열심히 행하며 살았습니다. 하지만 제 마음 중심에는 기쁨이 전혀 없었죠. 그나마 이 집사님 사건은 기도하는 제게 작은 위로를 주었고, 기도하면 응답을 주시는 분이 하나님이심을 경험하게 했습니다. 그리고 제 꿈과 환상이 해석된 첫 번째 사건이었죠.

하지만 후에 이 일을 돌아보니, 그때 저는 제 자신에게 일어난 일들을 가장 중요하게 여기고 있었음을 알게 되었습니다. 제가 꿈을 꾼 것과 환상을 본 것이 중요했습니다. 그리고 그것을 증명해주는 권사님의 꿈이 중요해서 큰 신앙의 오류를 범했던 것입니다.

하나님께서 가장 소중히 여기시는 것은 한 사람의 영혼이라는 사실은 누구나 다 아는 진리입니다. 그러나 저는 이것을 지식으로만 알고 있었을 뿐 한 영혼을 사랑할 수 없는 사람이었죠. 제 자신이 너무나 중요했기 때문입니다. 자기중심적인 신앙으로 인해 하나님도 저를 위해서 일하셔야 했고, 제가 하는 모든 일을 증명해주셔야 했으며, 사람들이 결국은 제가 옳았다는 것을 알게 하는 일이 일어날 수 있도록 힘을 다해 기도했던 것입니다.

몇 년 후 온누리교회에서 새벽기도를 하는 중에 하나님께서 성령의 감동으로 음성을 주셨습니다.

'현미야! 네가 이 집사를 위해서 진심으로 기도했다면 그 일은 일어나지 않을 수도 있었단다. 그 영혼이 구원받기를 지금부터라도 기도해봐라. 나는 네 기도를 들을 것이고, 이 집사가 구원을 얻는 일에 힘을 쏟을 것이란다.'

제 마음에는 비수가 꽂히는 것 같았습니다. 그 자리에서 저는 통곡했고, 회개의 눈물을 쏟아냈습니다. 제가 이 집사님보다 나은 것이 하나도 없음을 고백했습니다. 이처럼 제 스스로는 전혀 생각할 수 없는 방법으로 응답해주신 하나님의 놀라운 사랑을 경험할 수 있었던 것은 전적인 그분의 은혜였습니다.

이 일은 아직 성경 지식이 없던 제게 하나님 말씀의 중요성을 가르쳐주었습니다. 하나님께서 원하시는 방향이 어떤 것인지 몰랐던 저는 제게 주시는 생각만으로 모든 일을 판단하려고 했죠. 이 집사님의 일을 겪는 동안에 꾸었던 꿈과 경험한 환상은 오랫동안 해석하기 어려운 것이었음을 고백합니다. 그래서 그 해석에 있어서 제 지식과 이성의 경험만이 판단의 기준이 되었습니다. 그러나 믿음이 자라나고 영적 분별력과 연륜이 쌓이게 되자 모든 것이 바뀌었습니다.

저는 어려서부터 꿈에 대한 이야기를 많이 듣고 자랐습니다. 돼지 꿈을 꾸면 돈이 들어온다, 꿈에 윗니가 빠지면 어른들이 돌아가시는 것이다, 변에 대한 꿈을 꾸면 재수가 좋다, 높은 데서 떨어지는 꿈은 키가 자란다는 것이다 등등. 이런 말들은 제게 선입견을 넣어주었고, 저는 그 영향을 받을 수밖에 없었습니다. 이러한 저를 새롭게 할 수 있는 것은 오직 하나님의 말씀뿐이었습니다.

어떤 사람들은 때를 따라 돕는 하나님의 은혜가 그때마다 우리에게 해석을 준다고도 했습니다. 그러나 그것이 무엇으로 진리 앞에서 증명될 수 있을까요? 오랜 시간이 지난 후에야 그 일에 대한 하나님의 마음을 전해주신 것은 제가 하나님의 마음을 담을 수 있을 때까지 기다리신 그분의 사랑 때문일 것입니다.

그 후 저는 다시는 그런 일이 일어나지 않게 하고 싶었습니다. 또한 하나님께서는 제가 다음 단계의 마음을 준비할 수 있도록 쉬지 않으시고 저를 향한 업그레이드 계획을 세워 놓으셨습니다.

이와 같이 성령도 우리의 연약함을 도우시나니 우리는 마땅히 기도할 바를 알지 못하나 오직 성령이 말할 수 없는 탄식으로 우리를 위하여 친히 간구하시느니라 롬 8:26

내가 아버지께 구하겠으니 그가 또 다른 보혜사를 너희에게 주사 영원토록 너희와 함께 있게 하리니 그는 진리의 영이라 세상은 능히 그를 받지 못하나니 이는 그를 보지도 못하고 알지도 못함이라 그러나 너희는 그를 아나니 그는 너희와 함께 거하심이요 또 너희 속에 계시겠음이라 요 14:16,17

개인기도를 시작하기란 쉽지 않습니다. 그러나 고난이 오고 핍박이 오면 세상 사람들과 달리 그리스도인들은 하나님을 찾게 됩니다. 성경 말씀과 주일강단에서 선포되는 설교 말씀을 통해 우리가 하나님과 대화를 해야 한다는 것 자체는 초신자일 때를 지나면서 알게 됩니다. 그래서 교회에 다니는 그리스도인들은 기도에 대한 부담을 갖고 새벽기도를 하거나 철야기도를 하는 열심을 보이게 됩니다.

기도는 하나님과의 대화입니다. 모든 대화는 말하기와 듣기로 되어 있습니다. 하나님과의 대화도 마찬가지입니다. 그럼에도 우리는 말하는 기도만 하고 있을 수 있습니다. 또는 하나님의 언어에 미숙해서 그분이 말씀하셔도 무슨 말인지를 알아듣지 못하는 경우도 있습니다. 그러면서 하나님께서 음성을 주시지 않는다고 생각합니다. 그러나 성령님이 내주하시는 그리스도인이라면 누구나 말씀을 근간으로 할 때 하나님의 음성을 가장 명확하게 들을 수 있습니다. 다만 자신의 소리나 미혹의 소리가 그보다 클 뿐입니다.

기도는 하나님과 올바른 관계를 맺는 수단이라고도 합니다. 관계라는 것이 원래 사귐이 있는 사이라고 할 수 있습니다. 주님과의 사귐은 세상의 친구를 사귀는 것과는 다릅니다. 주님의 뜻이 무엇인지, 내가 무엇을 하는 것을 가장 기뻐하시는지, 앞으로 주님과 동행하려면 어떻게 관계를 유지해야 하는지를 물어야 합니다.

그러므로 함께 하늘의 부르심을 받은 거룩한 형제들아 우리가 믿는 도리의 사도이시며 대제사장이신 예수를 깊이 생각하라 히 3:1

예수를 깊이 생각한다는 것은 내가 무엇을 하든지 '주님이라면 어떻게 하실 것인가?'를 생각하는 것입니다. 주님의 깊이까지 가보려는 의지와 결단과 행동이 따르는 일입니다.

막상 기도하려고 마음을 먹어도 우리의 시간이 이미 세상의 것들로 꽉 차 있어서 기도로 주님을 만나는 일이 쉽게 이루어지지 않는 경우가 많습니다. 그렇기에 주님과 함께할 시간, 그분과의 공간을 만들어야 합니다. 그곳에서 주님을 만나고, 그분이 하시는 말씀을 들어야 합니다. 우리는 기도의 시간을 허비할 수 있어야 합니다. 우리는 거룩한 낭비를 경험하는 훈련을 해야 합니다. 기도를 통해 다져진 주님과의 친밀함은 세상의 일들이 우리를 염려와 근심 가운데로 데려갈 수 없게 하고, 진정한 안식으로 들어가게 합니다.

이렇게 되기까지 주님은 우리에게 의심을 받는 분으로 계시지만, 기도 시간의 거룩한 허비를 통해서 그리스도를 알아가는 자들에게는 신실한 분으로 나타나십니다.

> 예수께서 베다니 나병환자 시몬의 집에서 식사하실 때에 한 여자가
> 매우 값진 향유 곧 순전한 나드 한 옥합을 가지고 와서 그 옥합을 깨
> 뜨려 예수의 머리에 부으니 막 14:3

처음 이 구절을 읽었을 때는 여인의 행동을 이해하기 어려웠습니다. 제자들이 말한 것처럼 '오히려 그 향유를 다른 사람을 구제하는 일에 쓴다면 주님이 더 기뻐하실 텐데!' 하고 말입니다. 여인처럼 제가 가진 소유를 아끼지 않고 주께 드릴 마음, 아니 주님이 가장 존귀하고 소중해서 가진 것을 모두 드려도 아깝지 않을 정도로 감사하고 사랑하는 마음의 경험을 해보지 못했다면 깨달을 수 없는 말씀이었죠. 그 마음은 가장 처절한 순간에 생명을 살려주신 주님의 은혜를 받음으로 생겨났지만, 베드로처럼 몇 번이나 주님을 부인했는지 모릅니다. 제 욕심과 못난 자아 때문에….

이 구절에는 예수님의 성품과 인격이 잘 나타나 있습니다. 베다니의 나병환자 시몬의 집에서 식사하시는 장면을 보면, 사람들이 가장 꺼려하는 시몬의 나병을 고치신 예수님이 그것을 기억하시고 다시 방문하셔서 함께 떡을 떼십니다.

누가복음에서는 이 시몬이 바리새인으로 나옵니다(눅 7:39-40). 누가는 마태와 마가와는 달리 '죄 사함'의 관점에서 설명합니다. 주님

의 죄 사함의 권세를 인정할 수 없던 바리새인들은 주님을 고소하기 위해 따라다니며 그 증거를 찾기에 급급했습니다.

제 마음이 깊은 은혜를 받기 전에는 주님에 대한 믿음이 작아서 기도를 해놓고도 주님이 진정으로 제 죄를 사하셨는지, 저를 새롭게 하신다는 말씀처럼 새롭게 하셨는지가 어떤 현상으로 나타나기만을 기다렸습니다. 눈물이 흐르고 마음이 터질 듯 벅차오르면, 온몸에 떨림이 오면, 손끝이 저려오면….

그러나 이 모든 것은 현상에 지나지 않았고, 저를 새롭게 하신 것은 마음으로 믿어 구원을 얻은 기쁨이었습니다. 그 구원의 기쁨이 넘쳐나면 넘쳐날수록 주님이 제게 행하시는 모든 일들이 받아들여졌습니다. 이는 그 누구보다도 더 많은 빚을 탕감 받는 은혜였습니다. "오백 데나리온을 탕감 받은 자와 오십 데나리온을 탕감 받은 자 중 누가 더 주님을 사랑하겠느냐?"라는 주님의 질문에, 시몬은 '오백 데나리온을 탕감 받은 자'라고 대답합니다. 향유 옥합을 부은 여인이 바로 그러한 탕감을 받은 자라는 말씀이었죠.

식사를 하던 사람들은 모두 그 여인이 죄인이라는 것을 알고 있었습니다. 여인은 그 자리에 있던 누구보다도 주님을 사랑하는 자신의 마음을 자신이 가진 값진 것을 드리는 행동으로 표현했고, 주님은 여인의 죄를 사하셨습니다. 저는 이 말씀을 읽을 때마다 제 자신과 여인을 비교해봅니다.

'나는 지금 주께 그 여인처럼 할 수 있을까?'

주님도 우리에게 질문하십니다.

'너는 진실로 내가 믿을 만하냐?'

모든 것을 다 드려도 모자랄 주님의 생명의 대가로 구원받은 우리는 그 주님을 진심으로 신뢰하는지요. 또한 우리는 다른 사람들에게도 믿을 만한 사람이어야 하지 않을까요. 그러나 우리가 하는 대부분의 기도는 거룩하지 않습니다. 그처럼 빌 바를 알지 못하는 우리에게 성령님은 기도를 가르치실 뿐 아니라 주님이 가르쳐주신 기도를 할 수 있도록 도와주십니다.

그러므로 너희는 이렇게 기도하라 하늘에 계신 우리 아버지여 이름이 거룩히 여김을 받으시오며 나라가 임하시오며 뜻이 하늘에서 이루어진 것같이 땅에서도 이루어지이다 오늘 우리에게 일용할 양식을 주시옵고 우리가 우리에게 죄 지은 자를 사하여 준 것같이 우리 죄를 사하여 주시옵고 우리를 시험에 들게 하지 마시옵고 다만 악에서 구하시옵소서 (나라와 권세와 영광이 아버지께 영원히 있사옵나이다 아멘) 마 6:9-13

내 안에 계신 성령님과의 교통이 잘 이루어진다면 가르침을 받을 수 있습니다. 성령님은 그리스도의 영이요, 진리의 영이십니다. 그러므로 그분은 우리가 말씀을 묵상할 때 그 말씀을 통해서 예수 그리스도를 나타내시고, 진리의 말씀을 깨닫게 하십니다.

이 기도의 작업은 '자기부인'이라는 것이 없이는 일어나기 어렵습니다. 자기를 부인하고 자기의 십자가를 지고 주님을 따르려는 사람에게 성령님은 더 많은 것을 가르치시고 깨닫게 하셔서 그리스도의 장성한 분량에까지 자라나게 하실 것입니다.

"주님, 다시 한번 기도해보겠어요!"

말씀을 붙들고 기도하는 것은 주님의 '의'를 이루어갈 수 있는 힘과 능력을 받는 일입니다. 그러나 우리는 말씀을 붙들고 기도한다는 것을 어렵게 생각합니다. 일단은 말씀에 대한 해석이 잘 이루어져야 하는데, 그 일이 쉽지 않기 때문입니다. 성경 말씀을 잘 이해할 수 있는 방법을 몇 가지 제시해봅니다.

첫째, 강단에서 목사님이 선포하시는 말씀, 즉 설교를 잘 듣고 이해하는 것입니다. 목사님들은 신자들을 위해 말씀을 석의(釋義)하고, 저자의 의도를 살피고, 주석을 보며 역사적인 배경과 지리적인 여건 등을 종합해서 연구합니다. 또한 말씀을 읽고 기도하심으로 그 말씀의 메시지를 신자들에게 잘 선포해서 그들이 주님의 진리의 길을 잘 따라갈 수 있도록 안내하는 역할을 해주십니다.

둘째, 영적 독서를 꾸준하게 하는 것입니다. 영적 독서는 내가 할 수 없는 영적인 경험을 나보다 더 성숙한 사람들의 경험을 통해서 하는 것입니다. 그 분들 안에 있는 주님의 지혜를 배우고 도전을 받아 지금의 영적 상태에서 주께 더 가까이 나아감으로 한 걸음 더 깊은 관계를 맺을 수 있는 계기로 삼는 것입니다. 그래서 좋은 책을 분별해서 읽는 게 무척 중요합니다.

셋째, 소그룹에서의 나눔도 중요합니다. 나눔은 날마다의 묵상을 통해서 일상의 많은 일들 가운데 다스림을 얻었던 내용들을 서로 나눔으로 주님의 지혜를 얻을 수 있는 방편이 될 수 있습니다. 그래서 정직하고 신실하게 나누는 소그룹 모임은 교회에 꼭 필요합니다.

주님,
일상 속에서 주님과 동행하는 기쁨이
충만하기를 원합니다!

일상의 삶 속에서

: 묵상기도

교회에 다니면서도 저는 다른 집사님들과 어울릴 시간적 여유가 별로 없었습니다. 결혼 후 1년이 지나서 아이를 낳고 바로 인천으로 이사를 와서 시댁 문화를 익히는 것만으로도 힘들었기 때문입니다. 또 상당히 큰 의류매장을 운영하게 되면서, 저는 맞지 않는 옷을 입은 것처럼 모든 것이 불편하기 그지없는 일상을 보내고 있었습니다. 그런 중에도 바로 앞 매장에서 아동복을 팔고 있던 동갑내기 친구와 가게 옆에서 자그마하게 가방을 팔고 있던 믿음 좋은 언니도 사귀었죠. 저는 말수가 적은 사람이었고, 친구는 유쾌하고 정직한 성격의 호감이 가는 타입이었죠. 당시 그들은 제게 큰 위로가 되었습니다.

남편은 가게를 닫을 무렵이면 어김없이 주변 사람들과 사라지곤 했습니다. 저는 혼자 쓸쓸히 버스를 타고 집으로 왔고, 집에 오면 어린 딸아이가 저를 위로해주었죠. 그렇게 3년이란 시간이 정신없이 지나갔습니다. 할 일은 너무 많았고, 집중하면 몇 시간 만에 할 수 있는 집안일들도 하루 종일이 걸렸습니다.

그러다 교회에 다니면서 제 삶에 생기가 돌기 시작했죠. 이전에는 제가 말수가 없고 조용한 줄 알았는데, 생각보다 제 자신이 사교적이고 명랑하며 사람들과 만나는 것을 좋아한다는 것을 알게 되었습니다. 만나면 무슨 말을 해야 할지 몰랐지만 집사님들과 함께하는 시간들이 즐거워졌고, 다음날이면 또 만나고 싶어졌습니다. 간호사, 약사, 수레에 과일을 싣고 다니며 장사를 하시는 분, 시장에서 생선을 튀겨 파는 일을 하시는 분도 있었는데, 모두가 교회에서 열심히 기도하고 일하시는 분들이었죠.

목사님은 젊은 층에 속하셨고, 세 자녀를 두셨습니다. 제 기억 속의 목사님은 신앙생활의 시작을 잘 가르쳐주시고, 기도할 수 있도록 인도해주신 너무나도 고마운 분이십니다. 개척교회라는 이름이 붙어 있을 때는 젊은 부부들이 모여들었습니다. 교회는 나이 드신 분들보다 젊은 부부들이 늘어나기 시작했고, 또래들의 모임이 형성되자 삼삼오오 아파트 단지를 돌며 전도를 시작했습니다. 전도는 처음 해보는 일이라 제 마음에는 호기심과 두려움이 함께 있었습니다.

아파트 단지 안 상가 2층에 있던 교회는 교인이 늘어나자 아파트와 시장 사이의 땅을 매입해서 건물을 짓게 되었죠. 우리 가족은 교회 신축부지에서 걸어서 3분 거리에 살았습니다. 제가 사는 아파트 같은 라인에 사는 부녀회원들은 교회가 서지 못하도록 주민들을 동원했는데, 그들은 매우 사납고 거친 언어를 사용했습니다. 저는 그들과 가까이하는 것도 어렵고 동원되는 것도 싫었습니다.

교회가 건축에 들어가면서 기이한 일이 생겼습니다. 모두가 동원되지 않으면 안 된다는 부녀회장의 말에 나가 보니, 그날은 교회 부지에 포클레인이 처음으로 땅을 파는 날이었죠. 부녀회장은 포클레인 앞에서 일이 진행되지 못하도록 방해를 하고 있었습니다. 그것을 본 저는 속히 집으로 돌아왔습니다.

'저러면 안 될 텐데… 저러면 큰일 날 거야.'

그렇게 생각하며 매장으로 출근했습니다. 하나님께서 교회를 짓는 것을 방해하면 벌을 주실 것이라는 막연한 이야기를 기억하고 있었고, 그것은 제게 믿음이 되었습니다. 마치 바로 그런 일들이 일어날 것만 같은 조마조마한 마음으로 저녁에 매장 문을 닫고 집으로 갔습니다.

딸아이와 잠시 놀아주고 잠을 재운 후 철야기도를 할 작정으로 교회로 갔는데 집사님들이 오후에 있었던 이야기를 해주었습니다. 포클레인에 매달려 방해를 하려던 부녀회장이 갑자기 급성 디스크가 생겨 극심한 허리 통증을 호소하며 집으로 돌아갔다는 것이었습니다. 정확하게 무슨 일이 일어난 것인지는 알 수 없었지만 교회 건축을 반대하던 사람들은 곧 잠잠해졌습니다. 그리고 교회는 종탑까지 모두 4층으로 지어졌죠. 현관이 지어지기 전에 우리는 교회에 모여

건축을 위해 기도했고, 그때 저는 영적인 것들을 많이 경험했습니다.

가게의 매출이 거의 없던 답답한 상황에서 딸아이를 돌봐주던 아주머니까지 그만두게 되어 저는 아이를 데리고 장사를 해야 했습니다. 점점 더 어려운 상황이 되자 우리 가족은 철야기도를 작정하고 교회 의자의 쿠션을 바닥에 깔고 1년 3개월 정도 기도를 계속했습니다. 그 시간은 우리 부부에게 감사로 남아 있는 추억 중 하나입니다.

그냥 답답한 마음만 붙들고 기도를 하니 좀처럼 시간이 가지 않았습니다. 대학을 졸업할 때쯤 받은 방언이 그나마 기도의 시간을 보낼 수 있는 은혜의 수단이었고, 제 안에 계시는 성령님은 끊임없이 제 무의식과 의식의 세계를 만지며 인도하셨지만, 정작 구원이라는 것은 제 일상과 아무런 상관이 없는 것처럼 시간이 지나갔습니다.

그래도 빼놓지 않고 주일예배와 수요예배, 금요저녁기도, 새벽기도, 철야기도를 다녔는데 이 시간들 속에서 제가 성령님을 따르는 훈련을 받고 있었다는 것을 나중에야 알게 되었습니다. 선포된 하나님의 말씀은 예수님이 어떠한 삶의 방식을 가지셨는가를 가르쳐주었고, 그 말씀을 따라 살고 싶은 은혜를 주었으며, 그렇게 살지 못했을 때는 말씀을 생각나게 하시고 회개할 수 있는 심령을 주셔서 돌이키게 하시는 일이 점점 잦아졌습니다. 성령께서는 말씀 가운데 예수 그리스도를 증거하시고 증명하시는 분이 되어주셨습니다.

저는 성경에 대해 궁금한 것이 많았습니다. 호기심이 생기면 어김없이 달려들어 만족을 느낄 때까지 집중하는 습관이 있던 저는 어디에 있거나 성경을 읽었습니다. 처음 읽을 때는 용어도 어렵고 무슨 말인지 알 수 없어서 답답했지만 그래도 끝까지 읽어보고 싶은 마음이 강하게 들었습니다. 재미있는 이야기도 있었는데, 에스더서나 룻기는 제게 가장 깊이 새겨졌습니다.

당시는 매장에 손님이 거의 없어 성경을 읽을 수 있는 기회가 되기도 했습니다. 말씀이 해석되지 않아 답답해지면 한참을 허공을 바라보다 다시 성경을 손에 잡곤 했었죠. 그러다가도 읽던 말씀이 제 삶과 연결되며 해결점이 보일 때는 얼마나 기뻤는지 모릅니다. 하지만 그 해석의 수준이란 제 지식의 수준에서 벗어나지 못했습니다.

목사님들은 우리에게 말씀을 해석해주시고자 강단에서 설교를 하십니다. 저는 그 설교를 통해 하나님 안에서의 새로운 삶의 방식을 배웠습니다. 또한 목사님의 설교는 제가 성경을 읽으면서 깨달은 것들을 확증해주시기도 하고, 잘못 해석한 것들을 교정해주시기도 했습니다. 그래서 예배에서 선포되는 말씀이 중요하다고 생각합니다.

저는 하나님과의 관계 안에서 자라나기 시작했습니다. 때로는 기이한 방법으로 말씀을 설명해주신 일들도 있습니다. 그때 제게 주신 일들이 흔한 것이 아니라고 생각해서 지금까지도 기도팀들에게 함부로 말하지 못했습니다. 그러나 이제는 말할 수 있습니다. 왜냐하면 그 일들은 제게 행하신 지극히 개인적인 것이었고, 그 일들로 제 믿음이 강화되었으며, 제가 특별한 것이 아니라 하나님께서 제게 허락하신 일방적인 은혜라는 것을 알았기 때문입니다. 지금은 무지하고 어리석었던 저를 긍휼히 여기셔서 보는 말씀으로, 듣는 말씀으로, 어떤 현상으로 가르치신 기억으로 남아 있습니다. 많은 현상과 체험들은 결국 주님의 말씀을 잘 이해하고 따라갈 수 있도록 인도하신 성령님의 역사였고 은혜였습니다.

어느 날은 성전 맨 앞자리에서 기도하다가 환상 가운데 주님을 뵈었습니다. 주님은 강단에서 내려오셔서 제게 흰옷을 입혀주시고, 가슴에 띠를 둘러주셨으며, 임금님이 쓰는 면류관 모양이 아닌 둥근 링 모양의 관을 씌워주셨습니다. 그리고 신을 들고는 제게 '신은 나중에' 하는 마음을 주시며 사라지셨습니다. 저는 그 자리에서 그저 울고 있었습니다. 그 감격이라는 것은 이루 말할 수 없었고, 주님과 저는 비밀을 주고받은 것처럼 친밀해졌습니다. 그리고 제게 이전에 없던 마음이 들어왔습니다. 주님의 영광을 위해서 멋지게 살고 싶었고, 좀 더 나은 인격을 갖추고 싶어졌습니다.

얼마 후 저는 잘 알지 못했던 성경 구절을 선포하시는 목사님의 설교를 듣다가 소스라치게 놀랐습니다. '하나님의 전신갑주를 입으라'라는 제목의 설교였는데, 제게 입히시고 둘러주신 그 일들이 실제로 에베소서 6장에 있었던 것입니다. 이는 주 안에서 주님의 힘과 능력으로 강건해져서 마귀의 간계를 능히 대적하기 위함이었는데, 그때는 이 말씀을 제대로 해석할 수 없는 미숙한 신앙을 갖고 있었습니다. 그렇다고 은혜가 없었던 것은 아니었습니다. 그렇게 제게 보여주시는 은혜를 통해서 하나님께서 살아 계신 것과 성경의 모든 말씀이 이루어질 것이라는 제 믿음은 점점 더 강화되었습니다.

> 끝으로 너희가 주 안에서와 그 힘의 능력으로 강건하여지고 마귀의 간계를 능히 대적하기 위하여 하나님의 전신 갑주를 입으라 우리의 씨름은 혈과 육을 상대하는 것이 아니요 통치자들과 권세들과 이 어둠의 세상 주관자들과 하늘에 있는 악의 영들을 상대함이라 그러므로 하나님의 전신 갑주를 취하라 이는 악한 날에 너희가 능히 대적하고 모든 일을 행한 후에 서기 위함이라 엡 6:10~13

제 마음이 신비한 쪽으로 밀려가기 시작했습니다. 상상만으로도 행복했습니다. 이는 미래의 소망이자 어려운 현실에서 디딤돌이 되어주었습니다. 소외되었던 제게 나타나신 일은 고달픈 현실 속에서 피난처가 되었고, 제 안의 성령님은 계속해서 그 꿈같은 길을 따라가고픈 생각을 일으키셨습니다.

제가 무의식 가운데 갖고 있던 생각이나 기대하고 있던 일들에 대해 성령께서는 꿈과 환상을 통해 하나님과의 관계 안에서 인도함을 받도록 해주셨습니다. 하나님과 상관이 있는 꿈과 환상은 제 생각만으로는 해석이 어렵지만 설교 말씀을 들을 때나 읽을 때, 교훈을 주는 내용이 나타날 때 어김없이 저를 말씀의 방향으로 이끌어주었죠. 반면 세상의 두려움과 고통스러운 생각으로 인한 악몽이나 환상으로 괴로워할 때는 말씀보다 세상의 염려와 걱정이 먼저 밀려와 주님의 음성을 들을 수 없도록 마음을 복잡하고 답답하게 했습니다. 그런 꿈과 환상에서는 소망의 빛을 발견할 수 없음을 경험했습니다.

또한 하나님께서 주시는 환상은 저를 말씀에 대한 열정으로 밀어 넣었죠. 매장에 나가 시간이 있을 때마다 성경을 붙잡고 읽었습니다. 그러다 해석이 되지 않는 구절에 대해서는 교회에서 기도하면서 또는 주위 집사님들과 목사님의 도움을 얻어가면서 차츰 깨달아가기 시작했습니다. 지금은 많은 것을 알게 되었지만, 이것은 제가 똑똑해진 것이 아니라 사람들과의 관계 안에서 벌어지는 일들을 통해 성령이 깨닫게 해주시는 것이 많아지면서 주님 안에서 좋은 것을 선택하는 지혜가 풍성해진 것입니다.

너희는 주께 받은 바 기름부음이 너희 안에 거하나니 아무도 너희를 가르칠 필요가 없고 오직 그의 기름부음이 모든 것을 너희에게 가르치며 또 참되고 거짓이 없으니 너희를 가르치신 그대로 주 안에 거하라 자녀들아 이제 그의 안에 거하라 이는 주께서 나타내신 바 되면 그가 강림하실 때에 우리로 담대함을 얻어 그 앞에서 부끄럽지 않게 하려 함이라 너희가 그가 의로우신 줄을 알면 의를 행하는 자마다 그에게서 난 줄을 알리라 요일 2:27-29

아무튼 오랜 시간 인내할 수 있는 힘이 어디서 오는지 알게 되었고, 부끄럽게도 제 힘으로 할 수 있는 것은 아무것도 없었음을 기억합니다. 점점 주님은 일상 속에서 제게 말씀하시는 것 같았죠. 일일이 간섭하시는 듯했고, 저는 그러한 마음의 소리에 귀를 기울이기 시작했습니다. 그러자 제 안에서는 두 마음이 싸우기 시작했습니다. 그 가운데서 주님의 마음이라고 여겨지는 것들에 순종하려고 했습니다. 지금도 그 싸움은 여전히 계속됩니다. 육체 가운데 있는 사람이고 보니 어제의 은혜가 오늘의 능력이 되지 못함을 봅니다.

우리는 일상과 기도를 별개로 생각하는 경우가 많습니다. 이성적 삶과 영적 삶이 나뉘어져 있고, 교회생활과 세상살이가 분리되어 있습니다. 그리고 영적 생활을 잘해서 나머지의 시간들이 복된 것으로 채워지기를 원하는 마음이 가득합니다. 우리의 마음속에 하나님과 세상을 모두 취하고 싶은 생각이 얼마나 가득한가를 느낄 때가 옵니다. 그야말로 금송아지의 하나님을 만들기 시작하는 것이죠.

> 육체의 소욕은 성령을 거스르고 성령은 육체를 거스르나니 이 둘이 서로 대적함으로 너희가 원하는 것을 하지 못하게 하려 함이니라
>
> 갈 5:17

우리의 삶은 예배의 삶이 되어야 합니다. 공적인 예배를 경건하게 드린다고 복을 받는 것이 아니라, 공적인 예배를 통해서 깨달은 것들

을 세상의 삶에서 순종하며 사는 것이 진정으로 복을 받는 것입니다. 그렇지 않으면 경건의 모양은 있지만 경건의 능력은 없을 수 있죠.

또한 우리는 삶 속에서 기도하는 습관을 길러야 합니다. 하나님께서 우리에게 자동적으로 기도할 수 있는 능력을 주입하시는 것이 아니라 우리가 하나님을 찾고 찾아야 하는 것입니다. 병자는 병이 나을 때까지 병원의 치료를 받아야 하는 것처럼 기도하는 사람은 하나님과 대화가 될 때까지 기도해야 합니다.

일상에서 일어나는 모든 일 가운데 말씀에 근거하는 하나님의 음성이 들리기 시작하면 그때부터는 하나님의 뜻과 목적과 비전을 따라 살아가게 됩니다. 우리의 마음이 변화를 일으키고 언젠가 순례의 길을 마칠 날을 소망하며 꿈을 꾸는 사람이 되는 것이죠. 그 꿈은 하나님으로부터 오지만 성취의 방법은 사람마다 다르게 주어집니다.

그러나 속사람이 순전함을 잃어버리면 자신의 영광을 위해 영적인 것들을 사용하게 될 수도 있습니다. 그래서 자신을 훈련해야 합니다. 우리가 공동체 가운데서 관계 훈련을 계속해야 하는 이유도 혼자 있을 때는 자신을 잘 비춰볼 수 없지만 공동체에서는 자신의 모습이 적나라하게 드러나기 때문입니다. 우리는 혼자서 살도록 만들어지지 않았습니다. 함께 사랑하고 연합하려면 주님의 사랑이 우리 안에 부어져야 함을 알기까지는 오랜 시간이 필요합니다.

하나님은 우리가 말씀을 묵상하고 기도하는 일들을 통해서 우리의 삶을 주님의 능력으로 더욱 풍성하게 해주십니다.

오직 너희는 믿음과 말과 지식과 모든 간절함과 우리를 사랑하는 이 모든 일에 풍성한 것같이 이 은혜에도 풍성하게 할지니라 고후 8:7

우리를 구원하시되 우리가 행한 바 의로운 행위로 말미암지 아니하고 오직 그의 긍휼하심을 따라 중생의 씻음과 성령의 새롭게 하심으로 하셨나니 우리 구주 예수 그리스도로 말미암아 우리에게 그 성령을 풍성히 부어주사 우리로 그의 은혜를 힘입어 의롭다 하심을 얻어 영생의 소망을 따라 상속자가 되게 하려 하심이라 딛 3:5-7

이제는 매일 아침마다 주님의 말씀을 묵상하고 오늘을 어떻게 살 것인가를 묻습니다. 옛 사람은 제가 원하는 대로 이루어지기를 원하지만 주님이 주시는 마음은 내려놓으라는 것입니다. 이전에는 그렇게 하면 손해를 보게 된다고 생각했던 때도 있었습니다. 지금은 이러한 내려놓음이 참 평안을 가져다준다는 것을 알기에 속히 제 이기적인 마음을 내려놓으려고 합니다.

"주님, 일상 속에서 주님과 동행하는 기쁨이
충만하기를 원합니다!"

일상을 살아가는 데 원동력이 되는 에너지는 하루의 묵상과 기도를 통해서 얻을 수 있습니다. 힘의 원천이 성령님이시기 때문이죠. 예수님도 사역을 시작하시기 전에 금식하며 기도하셨습니다. 우리가 성령의 충만을 받고 그분의 인도를 받는 것도 금식과 기도로 육체의 일들을 이길 수 있는 힘을 얻게 되었을 때입니다. 아침이나 전날 잠들기 전에 묵상했던 하나님의 말씀을 붙들고 기도하면 주님은 말씀을 통해 위로와 소망, 격려와 안위, 비전 등을 주십니다. 매일의 삶에서 우리가 세상을 이길 수 있는 힘은 이런 것에서 얻을 수 있습니다.

그렇게 되면 하나님께 시간을 구별해서 드리게 됩니다. 참된 안식은 육체가 쉬는 것이 아니라 영혼이 쉼을 얻는 것입니다. 그러한 안식은 일상의 시간 속에서 하나님을 예배하는 시간을 구별하는 능력이 생기게 하고, 괴롭고 지칠 때에는 하던 일을 멈추고 하나님을 예배하는 시간을 갖게 합니다. 이를 통해서 다시 살아갈 수 있는 힘을 얻게 되는 것입니다.

시간이 구별된 후에는 우리 자신이 하나님께 드려지는 거룩함이 생겨납니다. '예배자'라는 정체성은 우리가 예수 그리스도를 닮아갈 수 있도록 거룩성을 부어주심으로 가능해집니다. 자신의 생각에 비추어서 멋있고 예절 바르게 보이려는 것이 아니라 일관성 있게 하나님을 예배하는 사람으로 일상을 살아가는 마음을 갖게 되는 것입니다.

그런 후에는 우리가 거하는 모든 공간을 구별하게 됩니다. 어디에 있든지 무엇을 하든지 하나님의 영광을 위해 할 수 있는 능력이 생기게 되는 것입니다. 그 힘의 원천이 되는 묵상과 기도를 포기하지 않으시기를 기도합니다.

주님,
금식으로 더 깊은 기도 가운데 들어가
주님의 마음을 갖고 살아보겠습니다!

주님이 기뻐하시는 기도

: 금식기도

저는 모태신앙인이 아니어서 교리나 믿음생활에 대해 모르는 것이 많았습니다. 주위에서 바르게 가르쳐 주는 이도 없어서 성경을 읽어도 나름대로 해석을 할 수밖에 없었고, 오랜 시간이 지난 후에야 그 해석이 틀렸다는 것을 알게 되기도 했습니다. 삶이 결과가 아니라 과정이라는 것을 인정하는 일은 단번에 이루어진 것이 아닙니다.

빨리 믿음이 좋은 사람이 되고 싶어서 남들보다 성경을 더 읽고 알고자 노력했죠. 그리고 그 내용을 이야기로 만들어 당시 제가 맡고 있던 중등부 아이들에게 가르치면 애들이 눈을 반짝이며 집중하여 들었습니다. 인천에서 교회생활을 처음 시작했는데, 지금도 그때를 잊지 못하는 것은 하나님께서 저를 위해 예비하신 일들을 많이 경험했기 때문입니다.

제게 살아가는 기쁨이 생기기 시작한 것은 남편이 구원받고 하나님께 돌아온 후였습니다. 그때는 주일에 남편과 아이와 함께 예배드리고, 성가대 연습을 하고, 교회에서 주는 점심을 먹고 나서도 집으로 가는 발걸음이 떨어지지 않았습니다. 그래서 몇몇 집사님들의 집을 돌면서 담소를 나누며 저녁식사까지 함께하고 늦은 시간이 되어서야 집으로 돌아오곤 했죠.

남편이 빨리 주께 돌아온 일은 생각할 때마다 정말 감사하지 않을 수 없습니다. 저를 가장 잘 아시는 주님은 오래 참지 못하는 저를 긍휼히 여기셔서 남편을 빨리 집으로 돌려보내주시고 거기에다 믿음까지 주셨습니다. 그리고 제가 제일 부러워했던 '가족들과 함께 교회에 가는 일'을 선물해주셨습니다.

그렇지만 좋은 것도 잠깐이었죠. 당시 운영하던 매장의 수입이 급격히 줄어 경제적으로 힘들어지기 시작했습니다. 저는 무슨 수를 써서라도 하나님께서 이 일들을 극복하게 해주실 것을 믿고, 제가 해야 할 일들을 찾았습니다. 저녁이 되면 삶의 불안을 이기기 위해 예배당으로 향했고, 그곳에서 안전하게 거하는 것이 무엇인지 점점 깨닫게 되었죠. 그때는 우리 안에 두려움이 많았습니다. 저와 남편은 서로 얘기는 하지 않았지만 미래의 시간들에 대한 막연함 때문에 더욱 하나님을 붙들었던 것 같습니다.

그러던 어느 날 남편이 꿈을 꾸었는데, 비행접시와 같은 넓적한 것 위에 예수님과 저와 자신이 타고 하늘로 올라가는 것을 보았다고 했습니다. 그 이후로 남편은 더 달라졌습니다. 하나님께서 자신을 구원하신 것이 꿈으로 증명된 듯 자신의 구원에 대해 더 이상 의심하지 않았습니다. 그렇게 하나님의 사랑은 우리의 삶에 소리 없이 스며들기 시작했죠. 상황은 여전히 마음을 힘들게 했지만 믿음은 작은 문제들을 극복할 수 있는 힘을 주었습니다.

무의식 속에서 갖고 있던 생각들이 꿈으로 나타나 해석되는 일들이 긍정적일 때는 제 믿음이 어김없이 강화되었습니다. 긍정적이라고 말하는 것은 미래에 대한 소망과 사랑, 그 상황 가운데 가져야 할 마음과 믿음, 하나님을 향한 태도 등이 하나님의 방법으로 올바로 해석이 되어서 삶에서 나타난 믿음의 반응이었습니다.

그래도 힘이 들 때면 우리는 금식을 했습니다. 저는 영적인 욕심이 많았습니다. 어떤 때는 제가 하나님을 아는 지식이 없어 더 힘들게 사는 게 아닌가 하는 생각이 들었죠. 그래서 남들보다 몇 배로 노력하지 않으면 극복하기 어려울 것 같아서 날마다 많은 시간을 말씀 읽기와 기도에 집중했죠. 하면 할수록 은혜가 되어서 그 일을 지속할 수 있었습니다.

금식을 처음 했을 때가 생각납니다. 3일 금식을 하기로 하고 첫날을 보내는데 밤까지는 괜찮았습니다. 둘째 날 아침이 되자 속이 메스껍고 토할 것 같아 견딜 수 없는 시간을 비몽사몽간 기도하며 겨우 견뎌냈습니다. 나중에 알게 된 일이지만 금식 전에 구충제를 먹고 시작하는 게 좋다고 했습니다. 메스꺼움이 내내 가시지 않아서 그 다음에 금식을 할 때는 두려움까지 생겨났습니다. 남편도 3일 금식을 밥 먹듯이 하는 제가 안쓰러웠는지 마지막 하루를 대신해주곤 했습니다. 저는 그저 모든 상황을 금식으로 단번에 결판내고 싶었지만 제가 하는 금식의 양에 비해서 상황이 변하는 속도는 너무도 느린 것 같았습니다.

20대 말에 시작한 금식은 40대 초까지 계속되었고, 보호식을 잘 못해서인지 몸의 균형이 많이 깨졌습니다. 살이 찌고 몸이 부을 때도 많았죠. 어느 정도 삶이 안정되기 시작하면서 제 진로를 두고 고민하기 시작했습니다. 30대 후반부터는 교회 사역을 시작했기에 제가 가장 하고 싶은 것이 무엇인지 자신에게 물어야 했고, 답을 얻어야 했습니다. 기도하면 할수록 그 일이 무엇이든 제가 죽을 때까지 감당해야 할 사명일 것이라는 막연한 생각에 7일 동안의 금식을 작정했습니다. 다른 사람들은 잘도 하는 금식인데 저는 그것을 결정하는 것만도 너무 어려웠습니다. 그러나 7일의 금식은 주님과의 깊은 사랑의 비밀을 선사해주었습니다.

저는 이사야 58장의 금식 관련 구절을 멋모르고 좋아했습니다. 하나님의 말씀이 의미하는 것보다 내가 취할 수 있는 성경 말씀이 더 만족이 되었기 때문입니다. 흉악의 결박이 풀리며, 멍에의 줄이 풀리고, 압제 당하는 자가 자유하게 되며, 모든 멍에가 꺾이는….

내가 기뻐하는 금식은 흉악의 결박을 풀어주며 멍에의 줄을 끌러주며 압제 당하는 자를 자유하게 하며 모든 멍에를 꺾는 것이 아니겠느냐 또 주린 자에게 네 양식을 나누어주며 유리하는 빈민을 집에 들이며 헐벗은 자를 보면 입히며 또 네 골육을 피하여 스스로 숨지 아니하는 것이 아니겠느냐 그리하면 네 빛이 새벽같이 비칠 것이며 네 치유가 급속할 것이며 네 공의가 네 앞에 행하고 여호와의 영광이 네 뒤에 호위하리니 네가 부를 때에는 나 여호와가 응답하겠고 네가 부르짖을 때에는 내가 여기 있다 하리라 만일 네가 너희 중에서 멍에와 손가락질과 허망한 말을 제하여 버리고 주린 자에게 네 심정이 동하며 괴로워하는 자의 심정을 만족하게 하면 네 빛이 흑암 중에서 떠올라 네 어둠이 낮과 같이 될 것이며 사 58:6-10

하지만 금식은 제 쓸데없는 욕구나 세상을 향한 기대를 없애기 시작했고, 아이들을 사랑할 수 있는 인내를 주었으며, 무엇보다도 교만한 마음을 내려놓게 해주었습니다. 마음속에서 올라오는 알 수 없는 분노를 다스려주었고, 제가 할 수 있는 일이 아무것도 없다는 것을 알게 하고, 약할 때 강함이 되시는 하나님을 경험하게 했습니다.

나중에는 금식을 하면서도 아이들에게 맛있는 음식을 해주고, 집안일도 할 수 있을 정도로 익숙해져서 남는 시간들을 지혜롭게 사용하게 되었습니다. 제 삶은 이전에는 갖지 못했던 새로운 삶의 방식, 부지런함과 사랑함과 인내함과 기뻐함으로 바뀌었습니다. 이 모두는 오직 하나님의 은혜였죠.

믿음은 가장할 수 없습니다. 다른 사람은 모를 수 있어도 가족에게는 자신의 잘못된 모습이 적나라하게 드러날 때가 많습니다. 이럴 때는 하나님의 마음을 아프게 할 뿐 아니라 스스로도 수치와 부끄러움을 느끼게 됩니다. 금식은 제 고집과 편견을 수치로 생각하게 했고, 마음속에서 일어나는 일들을 집요하게 드러내어서 제 모습 그대로를 인정하게 했습니다. 처음에는 남편과 아이들에게 제 잘못된 부분을 인정하는 게 어려웠지만 제 모습이 점점 드러나자 오히려 자유하게 되고, 겸손하게 되었습니다. 그러자 기도 공동체에서도 제 모습에 대해 과장하지 않고 있는 그대로의 모습을 시인하며, 잘못된 부분을 지적받으면 고치려는 마음을 갖게 되었습니다.

많은 사람들이 중요한 결정을 할 수 없거나 간절하게 응답받고 싶은 일이 있을 때 금식기도를 통해서 자신의 소원을 이루고 싶어 합니다. 주님의 말씀이 우리 길을 비추는 등불이라는 생각은 하지만 그 말씀이 실제로 믿음으로 사용되는 일은 희박합니다. 하나님의 뜻을 분별하기 위해 금식한다고 하지만 열정만 있는 사람은 자신의 뜻이 하나님의 뜻인 것으로 착각할 때가 많습니다.

그렇다면 하나님께서 기뻐하는 금식은 어떤 것일까요? 이스라엘의 하나님께서 그 백성을 향해 외치신 말씀을 보십시오.

우리가 금식하되 어찌하여 주께서 보지 아니하시오며 우리가 마음을 괴롭게 하되 어찌하여 주께서 알아주지 아니하시나이까 보라 너희가 금식하는 날에 오락을 구하며 온갖 일을 시키는도다 보라 너희가 금식하면서 논쟁하며 다투며 악한 주먹으로 치는도다 너희가 오늘 금식하는 것은 너희의 목소리를 상달하게 하려는 것이 아니니라 이것이 어찌 내가 기뻐하는 금식이 되겠으며 이것이 어찌 사람이 자기의 마음을 괴롭게 하는 날이 되겠느냐 그의 머리를 갈대같이 숙이고 굵은 베와 재를 펴는 것을 어찌 금식이라 하겠으며 여호와께 열납될 날이라 하겠느냐 사 58:3-5

당시 이스라엘 백성은 올바르게 행하지는 않으면서 자신의 소원을 들어달라고 하나님께 구하는 외식적인 기도의 형태를 가지고 있었습니다. 예수님은 이러한 자들에 대해 말씀하셨습니다.

금식할 때에 너희는 외식하는 자들과 같이 슬픈 기색을 보이지 말라 그들은 금식하는 것을 사람에게 보이려고 얼굴을 흉하게 하느니라 내가 진실로 너희에게 이르노니 그들은 자기 상을 이미 받았느니라

마 6:16

하나님께서 기뻐하시는 금식은 다릅니다(사 58:6-10). 이스라엘 백성을 사랑하신 하나님은 그들이 애굽의 노예로 있을 때 그곳에서 빼

내시고, 광야 길에서 먹이고 입히셨습니다. 그처럼 우리가 종 되었던 때를 생각하고 자신에게 집중되었던 요구와 응답을 하나님의 주권에 전적으로 맡기는 기도가 하나님께서 기뻐하시는 금식입니다. 또한 나와 같이 광야를 통과하는 사람들과 나눌 수 있도록 정욕과 이기심을 내려놓는 것이 진정한 금식입니다.

금식은 육체의 힘을 빼는 데 가장 효과적입니다. 육체의 힘이 강할 때는 자신이 하는 모든 일을 합리화합니다. 혈기를 내는 것, 고집을 피우는 것, 하물며 경건생활에 있어서도 자신의 힘으로 해내려는 자세를 보입니다. 말씀을 읽고 기도를 하면서도 자신이 하고 싶은 것들을 하려고 하지, 하나님께서 원하시는 것이 무엇인지 묻지 않습니다.

하지만 금식은 스스로를 좀 더 자세하게 관찰할 수 있는 시간을 갖게 하고, 자신이 어떤 생각을 하며 시간을 보내는지를 점검하게 합니다. 세상에 마음을 뺏기지 않으며 주께 초점을 두고 그 말씀에 직면할 수 있는 시간들을 마련합니다. 그러나 금식기도에는 우리의 의지적인 결단이 필요하고 가족들도 어느 정도 도와주어야 가능하기에 시작이 쉽지는 않습니다. 그렇더라도 저는 금식의 유익을 많이 누린 사람으로서 금식을 권하고 싶습니다.

우리의 마음은 하나님의 임재와 현존의 자리입니다. 마음이 하나님을 볼 수 있다는 것은 다른 볼거리들을 없앴다는 의미를 내포합니다. 말씀 안에서 주님이 자신에게 하시는 소리를 듣기 위해서는 그보다 더 큰 육체의 소리가 모두 작아져야만 합니다. 그렇게 될 때 우리의 내면을 하나님의 말씀에 비춰볼 수 있습니다. 그래서 우리의 마음이 '가장 치열한 싸움터'라고 했나 봅니다.

정직이 어려움을 줄 때가 많다는 것을 압니다. 그러나 우리가 정직하게 말하지 않는다 해도 모든 일은 시간이 갈수록 은연중에 드러나기 마련입니다. 다른 사람들은 다 아는 자신의 모습을 정작 자신은 모른 채 시간이 흐를 수도 있지만, 기도는 하나님 말씀의 빛으로 우리 자신의 어두움을 비추는 것이기에 드러나는 것들을 회개하며 새롭게 하시는 은혜를 입을 수 있습니다. 더 깊은 내면을 집중해서 보기 원한다면 금식을 권하고 싶습니다.

"주님, 금식으로 더 깊은 기도 가운데 들어가
주님의 마음을 갖고 살아보겠습니다!"

현대에는 금식하는 것이 더 어려워지고 있습니다. 우리의 욕구가 채워지지 않는 일이 일어나는 가장 큰 원인은 먹을 것이 없어서가 아니라 하나님 말씀의 부요를 경험할 수 없기 때문입니다.

> 주 여호와의 말씀이니라 보라 날이 이를지라 내가 기근을 땅에 보내리니 양식이 없어 주림이 아니며 물이 없어 갈함이 아니요 여호와의 말씀을 듣지 못한 기갈이라 암 8:11

바리새인과 같이 사람들에게 증명하기 위해 보이는 종교적 행위에는 진정성이 없습니다. 예수님이 외식하는 자들에게 거침없이 독한 말씀을 퍼부으신 이유도 그들이 하나님께 기도하면서 실상은 다른 마음을 갖고 있었기 때문입니다.

요즘은 금식에 대한 다양한 방법들을 제시합니다. 육류 금식, 미디어 금식, 게임 금식, 곡류 금식, 절식, 단식 등입니다. 이렇게 무엇인가를 중지하려고 하는 이유는 집중해서 기도할 수 있게 되고, 자신의 것을 내려놓는 훈련이 되기 때문입니다.

하나님께 집중하는 것은 기도에 가장 좋은 태도를 갖게 합니다. 금식을 통해서 하나님의 말씀에 집중해 자신을 돌아보고 그분 앞에서 돌이키는 일들은 우리의 삶을 새롭게 하는 역사입니다. 금식하는 동안 성령께서 우리에게 새로운 양심을 부어주셔서, 이전의 잘못된 습관과 죄를 회개할 수 있게 도와주시고, 그리스도인으로서 합당한 열매를 맺게 하십니다.

우리가 맺을 수 있는 열매는 회개를 통해서 삶의 방식을 전환하는 것입니다. 그 외의 것으로는 성령의 열매가 있습니다.

오직 성령의 열매는 사랑과 희락과 화평과 오래 참음과 자비와 양선과 충성과 온유와 절제니 이 같은 것을 금지할 법이 없느니라 갈 5:22,23

주님!
주님의 사랑으로 한번 양육해보겠어요.

양육하는 기쁨

: 중보의 시작

제게는 두 자녀가 있습니다. 첫딸을 낳은 때가 엊그제 같은데 벌써 성인이 되었습니다. 1986년 봄에 결혼식을 치르고 25일 만에 친정 아버지가 돌아가신 후 그해 여름에 아이를 가졌죠. 입덧이 심해서 서교동 친정으로 가게 되었습니다. 당시 친정집은 파란 청기와를 얹은 한옥처럼 생긴 양옥이었습니다. 집에 들어서면 평소에 나무 가꾸는 것을 좋아하셨던 아버지가 심어놓으신 감나무와 복숭아나무와 모과나무, 그리고 진달래와 개나리와 수국으로 마당이 가득차 있던 것이 생각납니다. 넓은 거실 창으로 마당이 훤히 내다보여서 아버지와 어머니는 바깥을 보실 때마다 좋아하셨죠.

입덧 때문에 친정으로 갔지만 어머니는 아버지가 돌아가신 충격에서 벗어나지 못하고 계신 상태라 40일 정도 있다가 저는 다시 시댁으로 갔습니다. 여름을 잘 지내고, 겨울이 되면서 배가 불러왔죠. 저는 동동거리며 반지하의 우리 집과 시부모님이 기거하시는 1층과 큰 시아주버님이 기거하시는 2층을 오르내렸습니다. 기도할 수 있는 시간은 일어난 후 잠깐이었고, 하루를 1, 2층에서 지내고 내려오면 피곤해서 그냥 잠이 들기 일쑤였습니다. 남편은 친구들과 만나 새벽 두 시가 넘어서야 들어오는 때가 많았습니다. 그러면 저는 성경을 읽거나 책을 보면서 남편을 기다렸습니다. 출산하는 날에도 남편은 아이가 태어나고 나서야 병원에 도착했습니다. 첫아이라 그런지 남편은 몹시 어색해했고, 저는 산후조리를 하러 다시 친정으로 갔습니다.

사람들은 태몽에 대해서 많은 이야기들을 합니다. 저도 아이를 갖고 태몽을 두 번이나 꿨습니다. 한 번은 큰 호랑이 얼굴을 보았고, 또 한 번은 우리 방 앞에 있는 넓은 책장에 성경책을 꽂는 꿈이었죠. 두 번 모두 매우 선명해서 깨자마자 태몽이라고 직감했습니다. 저는 태몽 때문에 아이가 아들일 거라고 생각했습니다. 앞서 말한 것처럼 꿈은 믿음 안에서 해석될 때는 소망이 될 수 있지만 세상 문화의 영향으로 해석되면 믿음 안에 있다고 해도 갈 방향을 잃어버리기 쉽습니다. 저는 오랫동안 하나는 세상에서 성공할 꿈으로, 하나는 하나님의 복을 받을 꿈으로 여기며 양손에 쥐고 있었던 것 같습니다.

첫아이가 아들이면 며느리로서 할 일을 완수한 것 같은 생각에서 비롯된 이 마음은 딸을 낳으면서 싹 사라졌습니다. 17시간의 산고를 겪으면서 하나님께서 주신 생명을 귀하게 여길 수 있었고, 처음 품에

안아본 딸아이는 세상의 어떤 아기보다 사랑스러웠습니다.

성경의 내용을 잘 알지 못했던 저는 혼란스러울 수밖에 없었지만, 기도할 때마다 주님은 옛 구습을 좇는 제 습성들을 깨뜨리기 원하셨습니다. 제가 갖고 있던 전통과 좋지 않은 습관들을 버리길 원하셨던 것입니다. 잘못된 관습을 버릴 수 있었던 것은 제가 은혜를 받거나 말씀을 기준으로 삼을 때였습니다. 이후로 저는 호랑이 꿈을 버렸습니다.

주님은 친정어머니와 제게 갓난아이를 양육하는 기쁨을 풍성하게 주셨습니다. 남편과 아버지를 잃은 두 여자를 작고 보잘것없는 아이가 위로해주었죠. 엄마와 저는 딸아이의 얼굴을 들여다보는 것을 낙으로 삼았습니다. 딸아이는 자라면서 '믿음의 자녀'라는 별명답게 제 믿음을 키워주는 역할을 톡톡히 해냈습니다.

돌 즈음부터는 아이를 봐주시던 아주머니와 경제적인 사정으로 헤어지게 되어 딸아이를 데리고 매장으로 출근하는 날이 많았습니다. 다행히 아이는 매장 언니들의 귀여움을 독차지했고, 매장에서 하루 종일 시간을 보내도 징징거리는 일이 거의 없었습니다. 평소 별로 말이 없는 아이지만 한번 말문이 터지면 주위의 사람들을 즐겁게 해주어서 제게 얼마나 큰 위로가 되었는지 모릅니다.

주일이면 저는 중고등부와 청년부 아이들과 많은 시간을 보냈습니다. 딸아이도 저와 함께 이 친구들과 보내는 시간이 많아졌고, 항상 언니와 오빠들의 귀여움을 받으며 건강하게 자라주었습니다.

첫째 아이가 다섯 살이 되던 해 저는 둘째 아이를 낳았습니다. 당시 교회에는 여러 가지 어려운 상황들이 계속되고 있었고, 우리는 경제적인 사정으로 매장을 처분하고 시댁으로 들어갈 준비를 하고 있었습니다. 둘째는 첫째와는 또 다른 위로를 주었습니다. 둘째의 태몽은 남달랐습니다. 제가 성전에서 아이를 낳았는데 목사님이 아이를 번쩍 들어 축복하시는 꿈이었습니다. 이 꿈의 해석이 언제쯤 될지는 잘 모르겠습니다. 둘째는 시댁에서 사는 동안 제게 하나님의 위로가 되어주었습니다.

하루는 기도하는데 하나님께서 이런 마음을 주셨습니다.

'첫아이는 너희 부부를 위해서 준 믿음의 자녀이고, 둘째는 위로의 자녀란다.'

그 말씀을 듣고 얼마나 많이 울었는지 모릅니다. 아이들은 자라면서 제게 많은 것을 가르쳐주었습니다. 하나님께서 저를 얼마나 사랑하시는지, 저에 대한 기대가 얼마나 많으신지, 그저 바라만 보아도 얼마나 흐뭇하신지, 조금만 잘해도 얼마나 기특하신지…. 엄마만 찾는 아이들처럼 우리가 하나님만 찾고, 엄마가 하라는 대로 하기만 하면 칭찬받는 것과 마찬가지로 하나님도 그러실 거라는 생각에 많은 지혜를 얻을 수 있었습니다. 또 잘못을 할지라도 속히 잘못을 고하면 부모의 마음은 준비하고 있었다는 듯 용서한다는 것을 알고, 저도 하나님께 속히 회개할 수 있게 되었죠.

엄마라는 존재는 아이들과 함께 성장합니다. 그래서 첫아이는 미성숙한 어미에게서 자라날 수밖에 없습니다. 누구나 무언가를 처음 시도할 때는 많은 시행착오를 거치며 배웁니다. 저는 좋은 엄마란 무조건 모든 일을 아이 대신 해주는 사람이 아니라는 생각을 가지고 있었습니다. 그래서 아무도 도울 수 없는 일이 있다는 것을 아이에게 빨리 이해시키겠다고 마음을 먹었죠.

첫째가 초등학교를 졸업할 즈음 저는 기도모임을 시작했습니다. 둘째는 초등학교 2학년이었죠. 처음에는 여자들만 낮에 모이는 '순'으로 시작했습니다. 전도를 잘하는 집사님이 계셔서 아이가 다니는 초등학교의 학부형들을 정말 많이 데리고 왔습니다. 순은 빨리 부흥이 되어서 22명이 넘어가도록 불어났고, 6개월이 못 되어서 순이 나뉘게 되었습니다.

동시에 저는 여성사역에서 주중 중보기도 사역을 맡아 화요기도 모임을 시작했습니다. 영적인 자녀를 두게 된 저는 한 번도 해보지 않았던 일을 하는 것이 마치 첫아이를 낳았을 때와 비슷하다고 생각했습니다. 제가 모임과 함께 자랐기 때문입니다.

시간이 지나면서 미숙한 제 모습은 드러날 수밖에 없었고, 그 때문에 공동체는 몸살을 앓았습니다. 누구든지 못하려고 시작하는 일은 없습니다. 잘 해보려고 하지만 실수가 용납되지 않을 때도 있고, 상처로 인해서 오해를 풀 수 없을 정도로 아플 수도 있습니다. 이런 것들을 통해서 저는 또 자라났습니다. 좋은 결과로도 성장할 수 있지만 어려움과 실수와 실패를 통해서도 많은 것을 배울 수 있었습니다.

어느 시점에서는 함께 가는 것이 서로에게 유익하지 않아서 헤어지기도 하고, 어느 시점에서는 생각지도 않았던 사람과 동행하게 되기도 했습니다. 그러나 제게 주시는 영적인 자녀가 누구인지를 확인하기 위해서는 오랜 시간을 함께하는 것만으로는 부족했습니다. 저에 대한 신뢰와 사랑이 일방적으로만 이루어지는 것이 아니라 서로가 겪은 일들을 통해 서로를 긍휼히 여기고 인정하는 일들이 반복되었을 때 확인할 수 있었습니다. 그래서 하나님의 공동체는 '인내의 공동체'라고 말하고 싶습니다.

육신의 자녀를 키우면서도 많은 것을 인내하고 기다리며 기대합니다. 동일하게 하나님의 공동체에서도 서로를 참아주고, 사랑하며, 기대하고, 기다려주는 일이 필요합니다. 그리고 아이가 성장함에 따라 엄마도 성숙해지는 것처럼 시간이 지나면서 넓은 마음을 갖게 되는 우리의 모습도 발견하게 됩니다. 현재 우리 기도팀들은 각자의 기도팀을 인도하는 사람들로 성장했습니다. 그러면서 저를 더 많이 이해해주고 있습니다.

저는 어떻게 해서든 영적인 자녀를 양육하라고 권면하고 싶습니다. 자녀를 키운다고 일방적으로 주기만 하는 것은 아닙니다. 양육을 통해 자신의 모습을 거울로 보는 것처럼 비춰볼 수도 있고, 자녀가 잘 자라는 모습을 보며 자신의 믿음 또한 강화되는 기쁨, 성장한 자녀의 섬김을 받을 때의 고마움과 대견함은 양육을 해본 사람만이 경험할 수 있습니다.

공동체를 만들 수 없는 환경에 있다 해도 가정 속에서 양육의 기회를 가질 수도 있습니다. 그마저도 어렵다면 양육할 수 있는 기회를 달라고 기도하기를 바랍니다. 하나님은 신실하셔서 우리의 기도를 들으시고, 양육할 수 있는 자녀를 보내주실 것입니다.

자녀는 부모를 부모 되게 해주는 하나님의 선물입니다. 누군가 자녀는 다섯 살 때까지 온갖 재롱과 사랑스러움과 생명의 기쁨을 안겨 준 것으로 부모에게 할 바를 다한 것이라고 했습니다. 그래서 부모는 다섯 살이 넘은 자녀들에게는 아무것도 바라지 말고 청지기처럼 키워야 한다고 합니다.

또 아비들아 너희 자녀를 노엽게 하지 말고 오직 주의 교훈과 훈계로 양육하라 엡 6:4

내가 또 내 마음에 합한 목자들을 너희에게 주리니 그들이 지식과 명철로 너희를 양육하리라 렘 3:15

하나님의 생명을 선물로 받아 키우는 것은 무척이나 소중한 일입니다. 마찬가지로 공동체에서도 하나님의 생명을 받게 됩니다. 처음에는 부모도 함께 자라기 때문에 미성숙한 상태로 생명과 함께 성장합니다. 그렇지만 우리가 말씀과 기도를 통해 자라난 후에는 우리보다 미성숙한 사람들을 도와주는 일은 이전보다 더 잘해낼 수 있게 됩니다. 생명을 돌보고 섬기는 일들을 통해서 우리는 하나님의 사랑, 즉 헤세드를 맛보고 그 사랑을 나누는 기쁨으로 살아가게 됩니다. 기도는 우리가 그러한 섬김을 보일 능력이 없음을 고백하는 동시에 주님의 능력이 없이는 아무것도 할 수 없음을 인정하고 그분의 능력을 구하는 것입니다.

개인기도만으로는 이기적이고 정욕적이며 공격적인 자신의 모습을 알기 어렵습니다. 그래서 우리에게는 공동체가 필요합니다. 경건한 생활을 추구하는 참된 공동체 안에서는 그동안 보이지 않던 서로의 연약함이 드러나게 됩니다. 또한 말씀을 묵상하고 나눌 때 다른 이의 묵상을 통해서도 자신을 성찰할 수 있는 기회를 가지게 됩니다. 많은 분들이 진정한 공동체를 경험하지 못하는 것은 자신을 성찰하는 기도를 통한 정직함을 갖지 못하기 때문입니다. 공동체에서는 자신의 연약함이나 부족함을 고백하고 서로에게 용서를 구하는 법을 배울 수 있습니다. 이를 통해 우리가 갖고 있던 상처의 치유를 경험하는 곳이 공동체임을 발견하게 됩니다.

우리가 몸의 덜 귀히 여기는 그것들을 더욱 귀한 것들로 입혀주며 우리의 아름답지 못한 지체는 더욱 아름다운 것을 얻느니라 그런즉 우리의 아름다운 지체는 그럴 필요가 없느니라 오직 하나님이 몸을 고르게 하여 부족한 지체에게 귀중함을 더하사 몸 가운데서 분쟁이 없고 오직 여러 지체가 서로 같이 돌보게 하셨느니라 만일 한 지체가 고통을 받으면 모든 지체가 함께 고통을 받고 한 지체가 영광을 얻으면 모든 지체가 함께 즐거워하느니라 너희는 그리스도의 몸이요 지체의 각 부분이라 고전 12:23-27

가정에서 자녀들을 양육하는 것과 교회에서 맡겨주신 새 신자들을 양육하는 것은 하나님의 사랑에 근거해야 합니다. 만일 이 사랑에 뿌리를 두지 않으면 그들을 자신의 방식대로 인도하는 오류를 범하게 됩니다. 우리는 그들이 오직 하나님의 말씀을 따라갈 수 있도록 힘을 주며 말씀이라는 이정표를 들고 있는 사람에 불과합니다. 그들이 우리와 함께 이 말씀의 길을 걸어갈 수 있도록 섬기는 일이 우리가 할 수 있는 최선입니다. 오직 하나님의 은혜로 살아가는 우리에게 육신의 자녀나 영적인 자녀를 허락하시는 것은 하나님의 사랑이 아닐 수 없습니다.

"주님! 주님의 사랑으로 한번 양육해보겠어요."

양육은 가정과 교회, 사회 모든 전반에서 요구됩니다. 양육을 받는 일은 양육을 하기 위해서 준비되는 과정입니다. 그리고 막상 자신이 양육을 하게 되면 두렵고 떨리는 일들로 인해서 주님 앞으로 갈 수밖에 없습니다.

우리는 지식이든, 물질이든, 지혜든 소유한 것 이상은 나눌 수 없다는 것을 알아야 합니다. 그래서 더 많은 것들을 소유하려 하는지도 모르겠지만, 혹 자신의 유익만을 위해 양육을 하고자 한다면 그 열매는 좋지 않을 것이 뻔합니다. 자신이 양육하는 사람의 숫자에 연연하게 되거나 개인적인 욕구를 충족하기 위해 소그룹을 이끌게 되면 언젠가는 은연중에 그 모든 것들이 드러날 것이기 때문입니다.

양육을 하려면 먼저 우리가 주님의 양육을 받아야 합니다. 주님의 양육은 성령의 기름부으심과 같습니다. 그것은 기름의 속성과 같이 메마른 것들을 윤택하게 하고, 거친 것들을 부드럽게 합니다. 기도하는 가운데 주님의 사랑을 받은 사람들은 성령의 충만을 통해 그분의 인도함을 받고, 광야와 같은 인생에서 시험을 받을 때도 이길 수 있는 힘을 얻게 됩니다. 우리가 주님과 동일한 역사를 맛볼 수 있도록 우리에게 성령님을 보내주신 것입니다.

세상을 이길 수 있는 말씀의 능력이 효과를 낼 수만 있다면 내주하시는 성령의 권능이 나타나게 되어 우리는 땅끝까지 복음을 전파하는 증인이 될 수 있습니다.

좋은 양육자를 만나는 것과 자신이 좋은 양육자가 되는 것을 위해서 기도한다면, 주님은 우리를 더 멋진 곳으로 인도하실 것입니다.

주님! 우리 가정의 장막이
항상 주님의 파티장이 될 수 있게 해주세요.
오는 사람마다 기쁨과 평강을 얻게 하시고
나눔과 섬김이 풍성한 삶이 되게 해주세요!

삶으로 배우는 자녀

: 가정과 자녀를 위한 기도

인천에서 모든 것을 정리하고 시댁에 들어가 사는 동안 시간은 쏜살같이 지나갔습니다. 심각한 고민을 하거나 우울할 여유가 없었습니다. 그러면서 저는 힘도 세졌습니다. 첫째를 유치원에 보내고 둘째를 업고 여러 가지 집안일들을 해낼 수 있는 사람으로 변해가고 있었습니다. 한 번 죽었다가 살아나서인지, 저는 이전보다 더 열심히 살았고 아이들을 위해서는 무엇이든 했습니다.

둘째가 다섯 살이 되던 해, 시댁의 도움을 얻어 온누리교회 근처로 이사하게 되었습니다. 그곳은 제가 초등학교 때부터 대학을 졸업할 때까지 살던 동네였습니다. 부엌의 커다란 창으로 보이는 남산은 기가 막히게 멋있었죠. 너무나도 멋진 장막을 주신 하나님께 감사했습니다.

이사를 한 후에 큰아이를 전학시켰습니다. 초등학교 1학년이던 아이는 9월에 전학을 했는데, 저는 집안정리가 끝난 10월 말쯤에야 학교에 가보게 되었습니다. 그런데 아이가 교실 뒷문 쪽에 혼자 앉아 수업을 받고 있었습니다. 당시는 여자아이의 수가 모자라던 때라 짝이 없다는 것은 상상할 수 없었음에도 아이는 혼자 앉아 있었습니다.

담임선생님께 인사를 하려고 갔던 저는 그 모습을 보고 집으로 다시 돌아왔습니다. 촌지를 줄 수 없는 형편이기도 했지만 제 신앙 양심상 그럴 수도 없었습니다.

오후에 학교에서 돌아온 아이에게 말했습니다.

"엄마가 오늘 학교에 가서 너를 보고 왔는데 혼자 앉아 있더라. 아마 엄마가 선생님을 바로 찾아뵙지 못해서인 것 같은데…. 엄마가 1학년 끝날 때까지 학교에 안 가면 안 될까? 네가 견딜 수 있다면 선생님이 원하시는 대로 해드리지 않을 수 있을 것 같아서 말이야."

아무것도 모르는 아이에게 이렇게 말하고는 학년이 끝날 때까지 학교에 찾아가지 않았습니다. 그래서 아이는 불이익을 많이 당했습니다. 하루는 아이가 울면서 집으로 돌아왔는데, 선생님이 산수시험에서 0점을 주셨다는 겁니다. 시험지를 보니 답은 맞았는데 푸는 식이 모두 틀렸다며 그렇게 채점을 해서 보냈습니다.

그때까지만 해도 제가 믿음이 다듬어지질 않아서 아이를 대할 때 제 기분대로 행동할 때가 많았기에, 아이는 집에서도 학교에서도 많은 스트레스를 받았죠. 아이는 혼돈 가운데 그 시간을 보냈습니다.

다행히 2학년이 되면서는 인품이 좋으신 담임선생님을 만나 아이는 안정을 찾았습니다. 그 후로도 선생님들을 찾아 촌지를 주는 일은 결코 하지 않았고, 아이를 위해 상담을 하러 찾아가는 정도였습니다.

이 일을 통해 저는 또 한 가지를 배웠습니다. 사회의 통념대로 살아가는 것에 익숙했던 제가 하나님께 기도함으로 갈등 속에서도 마음에 안정을 취하고 기다릴 수 있는 은혜를 얻었습니다. 기도하고 순종하며 기다린다면 하나님께서 하시는 일들을 꼭 볼 수 있다는 것도 알게 되었죠.

우리가 이사하고 6개월쯤 지나서 시댁도 같은 아파트로 이사를 왔습니다. 남편은 가족들이 모여 살게 되었다고 좋아했지만 저는 내심 걱정이 되었습니다. 그때부터 저는 시도 때도 없이 시댁으로 불려갔습니다. 시어머님이 부르시면 "네" 하며 갔지만 솔직히 종일토록 제 시간을 가질 틈이 나질 않았습니다. 아침에 일어나면 머릿속에는 온통 '오늘은 뭐라 하시며 부르실까?'라는 생각뿐이었죠.

시어머님은 자식을 너무도 사랑하셔서 음식을 만들어 놓으시고 집에 모여 함께 식사하고 이야기하는 것을 좋아하셨습니다. 그러나 저는 그런 가족문화에 전혀 익숙하지 않았고, 아무리 함께 있어도 남의 가족이라는 생각에 제 일만 많아지는 시간들이 그저 힘들기만 했습니다. 그러는 사이 저는 시댁과 가족이 되어가고 있었습니다.

제가 강의를 할 때마다 하는 말이 있습니다.

"우리가 첫째 자녀를 낳으면 그 아이와 함께 자라나는 시간이 있습니다. 그래서인지 첫째 아이는 둘째, 셋째, 그 이후의 아이들보다 많은 부담과 상처를 안게 됩니다. 언젠가는 첫아이와 부모가 서로에 대해 용서의 고백과 치유를 경험하는 자리로 나아가야 합니다. 그렇지 않으면 우리가 그랬듯이 상처를 감춘 채로 그들도 첫아이를 갖게 될 것이기 때문입니다."

몇 년 후에 우리는 다시 이태원의 한 아파트로 이사를 하게 되었습니다. 저는 혼자서 이태원과 이촌을 왕복하며 이사갈 집의 바닥을 네 번씩이나 닦아냈습니다. 걸레질을 하면서 힘들지 않기는 처음이었죠. 얼마나 신이 났는지 모릅니다. 시댁에서 조금 거리가 있다는 것도 제게 안정감을 주었습니다.

새로 이사한 곳은 매우 조용했습니다. 전에 살던 집은 전철이 지나는 곳이고, 미군부대 옆에 있어서 헬리콥터가 다니면 창문이 흔들릴 정도로 소란스러웠는데 이사 온 곳은 정말 새소리 외에는 들리지 않았죠. 그리고 지역적인 영향에서인지 외국인들이 많이 살았습니다. 놀이터에 나가면 정말 외국 같은 곳이죠. 저는 이 아파트에서 13년째 살고 있습니다. 이곳에서 큰딸이 유학을 하고 돌아왔고, 시아버님이 암으로 세상을 떠나셨습니다. 딸이 대학을 졸업하고 취직을 했고, 아들도 대학생이 되었습니다. 저는 개인주의 성향에서 벗어나서 공동체적인 사람으로 바뀌어가고 있었습니다. 그리고 소명을 받게 되었습니다.

둘째 아이가 고등학교 2학년에 올라가면서 저는 신학교에 들어갔습니다. 남편과 아이들은 제가 신학교에 들어가는 것을 환영해주었습니다. 그리고 저는 3년의 시간을 격렬하게 지나왔습니다. 너무도 감사하고 벅찬 시간이었습니다. 제 공로가 아닌 주님의 은혜로 저는 변해왔습니다. 하나님은 제 생각과 번민과 갈등을 하나님께 아뢸 때마다 당신이 예비하신 일들을 보여주셨습니다. 그로 인해 어떠한 상황과 사건과 환경, 아픔과 슬픔 가운데서도 감사하게 하셨습니다. 이런 일들을 경험하며 저는 하나님께서 원하시는 자녀로 성장할 수 있었습니다.

아무런 대책도 없이 그저 주어진 상황을 하나님 앞에 펼쳐놓고 기도했던 시간들을 주님은 기억해주셨습니다. 유창한 기도가 아니었어도, 주님의 마음에 흡족한 기도가 아니었어도 주님 앞에 앉아 있던 그 기도의 시간들을 기억해주셔서, '낮추시며 시험하사 마침내 복을 얻게 하신다'는 말씀을 이루어가고 계신 것입니다(신 8:16).

하나님께서 주신 그 집에서 저는 많은 손님들을 섬겼습니다. 교회의 행사에 오신 일본 목사님들과 인도의 선교사님, 그리고 크리스 해리슨 목사님 부부, 강원도에서 목회를 하시는 목사님의 가족들…. 교회에서 행사를 처음 시작할 즈음에는 부족한 숙소 때문에 자원하는 성도들의 가정에서 민박을 하던 시스템이어서 이런 섬김의 시간을 가질 수 있었고, 그 시간들은 우리 가족 모두에게 커다란 축복이 되었습니다. 그 분들은 아직도 우리를 위해서 기도해주십니다.

> 예수께서 그곳에 이르사 쳐다보시고 이르시되 삭개오야 속히 내려오
> 라 내가 오늘 네 집에 유하여야 하겠다 하시니 눅 19:5

> 네 하나님 여호와께서 너와 네 집에 주신 모든 복으로 말미암아 너는
> 레위인과 너희 가운데에 거류하는 객과 함께 즐거워할지니라 신 26:11

아마 기도하는 분들은 가정과 자녀를 위한 기도제목을 가장 소중
하게 여기실 것입니다. 내가 속한 가장 작은 단위의 공동체인 가정에
서는 다른 가족들을 자신의 영역 안에 두고자 하는 마음이 강하기 때
문에 하나님의 주권에 대한 도전이 제일 많은 곳이기도 합니다. 원래
기도는 하나님께 드리는 것이지만 우리는 우리가 만든 소망의 틀을
깨지 않고 하나님을 그 소망에 응답하시는 분으로 만들 수 있습니다.
이 일들은 진리와 충돌을 일으킵니다. 주님의 마음과 자신의 마음이
다르기 때문에 주님의 마음을 모르면 내 마음을 충족하기 위해서 하
나님을 도구로 사용하게 되는 것입니다.

그래서 말씀을 통해 주님을 알아가야 합니다. 말씀과 기도가 균형
을 이룰 때 건강한 삶을 일궈갈 수 있습니다. 그러한 삶은 내 생각보
다는 주님의 말씀을 따라 살아가려는 의지를 드리는 것이기에 주님
이 우리를 인도해주십니다.

출애굽한 이스라엘 백성은 3개월쯤 지나 시내산에 도착합니다. 하나님은 그곳에서 이스라엘 백성을 만나시기 위해 모세에게 그들을 준비시키라고 명령하십니다. 그야말로 이스라엘 백성이 하나님의 임재와 현존을 경험하게 된 것입니다. 그러나 하나님의 임재는 그들에게 두려움을 주었습니다. 빽빽한 구름과 우레와 번개를 보며 이스라엘 백성은 모세에게 요구합니다.

"모세, 당신이 하나님을 만나고 하나님께 들은 말씀을 우리에게 전하면 우리가 그 말씀을 따를 것이오. 그러니 당신이 하나님을 만나고 오시오!"

모세는 홀로 하나님을 만나려고 산꼭대기로 나아갑니다.

뭇 백성이 우레와 번개와 나팔소리와 산의 연기를 본지라 그들이 볼 때에 떨며 멀리 서서 모세에게 이르되 당신이 우리에게 말씀하소서 우리가 들으리이다 하나님이 우리에게 말씀하시지 말게 하소서 우리가 죽을까 하나이다 모세가 백성에게 이르되 두려워하지 말라 하나님이 임하심은 너희를 시험하고 너희로 경외하여 범죄하지 않게 하려 하심이니라 백성은 멀리 서 있고 모세는 하나님이 계신 흑암으로 가까이 가니라 출 20:18-21

우리의 두려움은 이처럼 하나님께 나아가는 것을 방해합니다. 두려움의 제일 큰 원인은 '죽음'이라고 할 수 있습니다. 이러면 죽을 것 같고 저러면 죽을 것 같아서 혼자서 궁리하다가 스스로 안전한 뜻을 정해놓고는 그것이 하나님의 뜻이라고 생각합니다. 그리고 그것을 이루기 위해 모든 수단과 방법을 동원합니다. 특히 자녀에 대해서는 자신이 원하는 그림대로 이루어주시길 하나님께 요구하는 것을 기도라고 생각하는 경우가 허다합니다. 교회에서 양육하는 영적인 자녀에 대해서도 마찬가지입니다.

하나님의 임재와 현존을 경험할 수 있는 산꼭대기, 즉 기도와 말씀이라는 은혜의 수단을 통해 성령님이 증거하시는 진리를 경험하는 곳으로 가지 않고 누군가가 전해주는 하나님만 만난다면, 우리도 이스라엘 백성과 같이 금송아지를 만들어 놓고 그것이 우리를 살게 할 하나님이라고 생각할 수 있습니다.

기도는 산꼭대기에 오르는 일로 비유할 수 있습니다. 오직 하나님께 가까이 나아가 그분의 임재와 현존을 경험하기 위한 몸부림일 수 있다는 것입니다. 보통 때는 산꼭대기까지 올라 하나님은 찾으려고 하지 않는 것이 우리의 습성입니다. 그러면서 힘이 들고 지쳐 있다는 이유, 하나님을 만나면 자신에게 무엇을 명령하실 것 같다는 이유를 댑니다. 그러다가 세상에서 살기가 힘들어지고 무엇을 해도 막히기만 할 때, 아무것도 할 수 있는 일이 없을 때, 돕는 사람이 없을 때 마지막으로 하나님을 찾아나서지요.

산꼭대기에 오르는 이유는 다양하겠지만, 그곳은 그리스도와 함께 십자가에서 자신의 죽음을 경험하는 곳이지, 높은 곳에서 아래를 내려다보며 자신의 권위나 위치나 명예 등을 자랑하려고 오르는 곳은 전혀 아닙니다. 그렇기 때문에 마지막으로 찾는 곳이기도 합니다.

산꼭대기와 산자락에는 차이점이 있습니다. 산꼭대기가 그리스도의 생명 되신 말씀의 법칙, 그 말씀에 순종하는 법칙으로 우리 영혼이 하나님과의 '샬롬' 즉 평안의 관계로 가는 길이라면, 산자락은 인간 세상의 생존 법칙, 자신들의 소유를 위해 작동하는 법칙이 적용되는 곳입니다. 우리가 산자락에서 산꼭대기로 올라가는 것, 즉 세상의 죄와 사망의 그늘에서 주님의 구원을 통해 생명의 성령의 법으로 옮겨진 것은 하나님의 은혜입니다.

누구나 처음에는 세상의 가치관을 붙잡고 기도를 통해 하나님을 움직이려고 시도합니다. 그럴지라도 하나님은 그 기도를 통해서 우리를 당신의 길로 이끄시고, 인생의 광야 가운데 좀 더 하나님께 가까이 갈 수 있는 길을 마련해 놓으시기도 합니다. 그렇게 가다보면 우리가 알던 단어들의 의미가 변하기 시작합니다. '형통', '복', '승리', '강건' 등 모든 것이 예수 그리스도 안에서 이루어짐을 깨닫게 되는 것입니다.

말씀과 기도를 통해서 깨달아진 것들은 삶으로 드러납니다. 자녀들은 우리의 언어와 행동과 표정과 태도 등에서 나타나는 것을 보고 배우며 자라납니다. 지식으로 아는 것은 일상에서 아주 미약한 도움을 줄 뿐이지만, 일상에서 부모의 삶을 따라 하며 배운 경험들은 자녀들이 인생을 살아갈 때 그대로 나타나게 됩니다. 그러므로 주님과의 만남 가운데 다루어진 우리의 인격과 삶은 자녀에게 가장 좋은 유업이 됩니다.

내가 나의 왕을 내 거룩한 산 시온에 세웠다 하시리로다 시 2:6

하나님의 병거는 천천이요 만만이라 주께서 그중에 계심이 시내산 성소에 계심 같도다 시 68:17

많은 백성이 가며 이르기를 오라 우리가 여호와의 산에 오르며 야곱의 하나님의 전에 이르자 그가 그의 길을 우리에게 가르치실 것이라 우리가 그 길로 행하리라 하리니 이는 율법이 시온에서부터 나올 것이요 여호와의 말씀이 예루살렘에서부터 나올 것임이니라 시 2:3

하나님은 우리에게 줄 수 있는 모든 것을 주고 싶어 하십니다. 우리가 할 일은 자신의 의지를 드릴 수 있는 마음의 자리, 즉 기도의 자리로 나아가는 것입니다. 나 혼자만의 탄식으로 가득했던 자리에서 이제는 가족들과 함께 비전의 자리, 소망의 자리로 나아가야 합니다. 이전에 한 번도 걸어보지 못했던 그 길로 함께 나아가야 합니다.

자녀들은 부모들이 사는 모습을 보고 배웁니다. 그것을 깨달은 저는 좀 더 신실한 삶을 아이들에게 보여주어야 되겠다는 책임을 느낍니다. 그들이 나보다 더 주님을 잘 섬기고 살아가기를 소망하며….

"주님! 우리 가정의 장막이
항상 주님의 파티장이 될 수 있게 해주세요.
오는 사람마다 기쁨과 평강을 얻게 하시고
나눔과 섬김이 풍성한 삶이 되게 해주세요!"

자신의 가정과 자녀를 위한 기도를 기도 소그룹에서 해결하려 한다면 소그룹의 많은 에너지가 한 개인의 기도제목을 위해서 소비됩니다. 그래서 저희는 '짝기도'를 합니다. 이는 둘씩 짝을 이루어서 52일 동안 서로의 기도제목을 심도 있게 나누고 기도를 부탁하는 일입니다. 저희 팀은 이 기도를 '느헤미야 기도'라고 부릅니다. 무너진 성벽을 수축하는 것처럼 가정과 자녀와의 무너진 곳들을 다신 세운다는 의미로 이름을 붙였습니다. 느헤미야 기도는 이렇게 이루어집니다.

첫째, 두 사람이 짝을 이루어서 기도제목을 나누고 상대방만을 위한 기도의 시간을 정합니다. 자신이 가장 여유가 있고 편할 때를 지정하는 것입니다. 기도제목으로는 세 가지에서 다섯 가지 정도를 나누는 것이 유익합니다. 하루 중 약속된 시간이 되면 상대의 기도제목을 두고 기도하는 것입니다.

둘째, 26일째 되는 날 만나서 교제를 나눕니다. 느헤미야 기도는 개인기도의 제목을 소화하기 위한 목적도 있지만 소그룹에서 서로 교제하기 위한 목적도 있습니다. 응답받은 것이 있을 경우엔 교제 시간에 그 기도제목을 지우고 다시 새로운 기도제목을 나눕니다.

셋째, 기도하는 52일 동안 하나님께서 상대를 위해 주신 성경 구절을 기록해둡니다. 개인적으로 말씀묵상을 한다면 도움이 될 수 있습니다.

넷째, 52일째 다시 만나 교제를 나누고, 상대방에게 줄 말씀(A4 용지 한 장에 쓸 수 있는 분량이면 됩니다)을 전합니다. 이 말씀에 자신의 생각을 더해서는 안 됩니다. 말씀을 받은 사람이 그 말씀을 붙들고 기도해야 합니다. 저희 기도팀은 이 기도를 통해서 많은 열매를 거두었습니다.

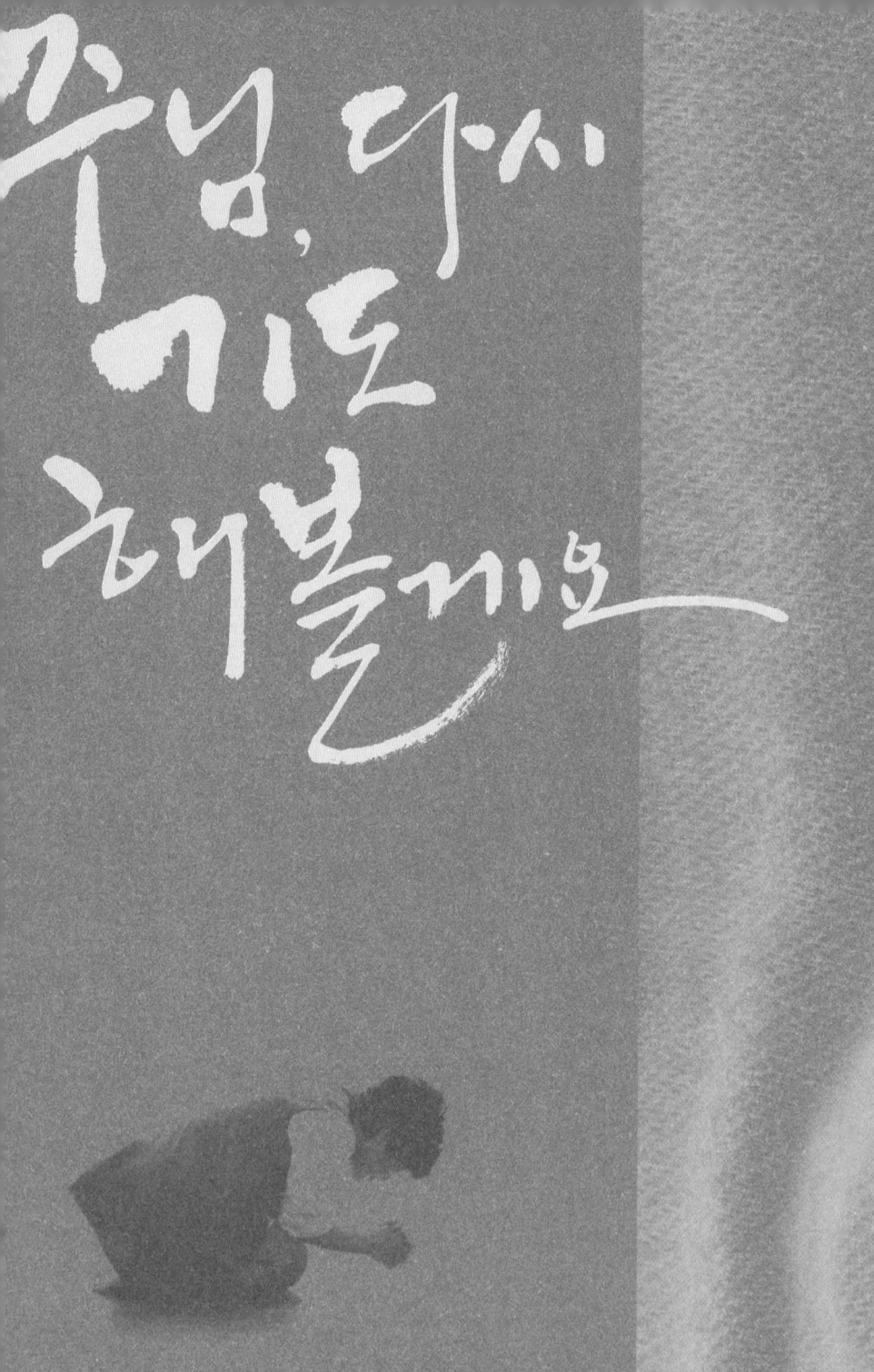

주님! 신실한 마음으로 사는 동안
우리 부부가 함께
주님의 교회를 섬길 수 있기를 기도합니다.

깨끗한 통로가 되어

: 경건의 기도

남편은 교회에서 '이 집사'로 불립니다. 1999년 저와 함께 안수집사로 임직을 받았고, 그 후로 12년 동안 주차봉사를 했습니다. 춘하추동 날씨와 상관없이 토요일이면 언제나 구두를 닦고 양복을 준비해놓고는 주일이면 새벽같이 교회로 가는 것을 행복해했습니다.

남편이 은혜를 받기 시작한 것은 인천에서 부흥집회에 참석하고 난 이후였습니다. 저와 함께 교회에 나가게 되면서부터 함께 놀러 다니던 매장 주변 사람들과 멀어졌습니다. 참으로 신기할 만큼 주변이 정리되었죠. 술이 마시고 싶지 않을까 해서 물어보았지만, 남편은 아예 제 말에는 신경도 쓰지 않았습니다.

남편과 함께 교회에 나오자 교회 식구들은 모두 기뻐하고 환영해주었습니다. 특히 목사님은 남편에 대해서 더욱 관심을 가져주시고 집으로 식사 초대도 해주셨죠. 인천에서 다녔던 교회는 젊은 부부들이 많아 모이는 것을 좋아했습니다. 저녁 즈음에는 항상 삼삼오오 모여 밤이 깊도록 담소를 나누었습니다.

그러는 중에 남편의 믿음은 날마다 자라나 이전에 전혀 하지 않던 일들을 서슴없이 해내곤 했습니다. 교회를 건축할 때는 등짐을 지고 벽돌을 나르는 일을 하면서도 얼굴에 미소가 떠나지 않았습니다. 남편은 깔끔한 사람이라 집안이 정돈되어 있지 않는 걸 가장 싫어했습니다. 그랬던 사람이 몸에 먼지를 뒤집어쓰면서 교회 청소를 하고, 높은 곳에 올라가서 전등을 갈았습니다. 손으로 뚝딱뚝딱 잘 만들어내는 재주를 가진 남편은 교회에서도 작은 손길이 필요한 곳을 알아서 섬겼습니다.

그 후로도 남편은 교회에서 정말 열심히 일하고 예배를 드렸습니다. 남편이 교회에서 일을 하며 계속 만나게 된 집사님 두 분과 친하게 지내자 당연히 아내들도 친해질 수밖에 없었죠. 일이 끝나면 같이 저녁을 먹었는데, 서로 돌아가며 집에서 저녁상을 차리고 이야기를 나누며 가족처럼 친밀해졌습니다. 그러는 동안 저와 남편은 교회를 배웠습니다. 앞으로 저는 모이기에 힘쓰고, 떡을 떼며, 물질을 통용하고, 함께 예배하고, 말씀을 배우고 나누는 그런 교회를 만들고 싶습니다.

서울로 이사온 후 우리는 더 열심히 교회에 다녔습니다. 함께 새

신자 교육과 일대일 양육을 받고, 순예배에 성실하게 참여했습니다. 남편은 담당목사님의 권유로 '보아스'라는 실업인선교회에도 들어가게 되었습니다. 그곳에서 우리는 다양한 방면에서 일하는 사람들을 만날 수 있었습니다. 치과의사, 변호사, 안과의사, 사업가 등 비슷한 나이 또래가 모여서 부부동반으로 예배를 드리고 친구가 되어 갔습니다. 매주 한 번 모여서 각자가 한 가지씩 장만해온 음식으로 저녁식사를 하고 교제를 나눴습니다. 그러다가 우리는 슬픈 일을 겪게 되었습니다. 함께 모이던 동갑내기 형제가 생을 마감했다는 소식이었죠. 우리는 충격에 휩싸였고, 그 후로 모임이 뜸해졌습니다.

이후 남편은 주차위원이 되어서 교회 일에 집중하게 되었죠. 주차위원으로 섬기던 어느 날 남편은 무슨 일인지 일찍 집으로 돌아왔습니다. 아무 말을 하지 않고 한참을 있더니 별일을 다 겪는다며 이야기 서두를 꺼냈습니다. 남편은 차량이 교회입구로 들어오는 곳에서 봉사를 하고 있었는데, 그곳은 시시비비가 가장 많이 가려지는 곳입니다. 그런데 한 여자 분이 와서 자동차 키를 주더니 주차를 부탁하며 교회로 들어가더라는 것이었죠. 남편은 조금 당황스러웠지만 주차의 흐름을 막지 않기 위해 차를 대주려고 잠시 자리를 비웠다고 합니다. 그 사이 자동차들이 엉켰고 화가 난 한 사람이 남편의 멱살을 잡고 성질을 부려댔다는 것이었죠. 저도 맞장구를 치며 마구 화를 냈더니 남편은 이내 화를 가라앉히고 한숨 자더니 괜찮아졌습니다. 그리고 한 주 후 아무렇지도 않게 다시 양복을 준비하고 구두를 닦고 주일을 준비했습니다.

제가 남편을 보고 항상 하는 말이 있습니다. 남편의 별명은 '돌탕'(돌아온 탕자)으로 세상을 등지고 아버지께로 돌아와서는 한 번도 세상을 그리워하거나 돌아가려는 생각조차 하지 않았다는 것을 저는 압니다. 그런데 저는 '거탕'(거하는 탕자)으로 아버지 곁에서 끊임없이 원망하고 불평하던 큰아들처럼 감사도 없이 욕심만 내고 있다는 것이죠. 하나님 앞에 가면 주님은 항상 남편을 칭찬하셨습니다. 그의 순전한 마음을 기뻐하셨고, 죄에 대해 돌이키고 멀리하려는 그 중심을 사랑하셨습니다.

남편은 TV를 시청할 때도 다큐멘터리만 고집합니다. 그에게 있는 은혜일 것입니다. 그러나 저는 그렇지 못합니다. 마음속에서 'TV시청 정도는 공영방송에서 하는 것이라면 괜찮겠지'라는 합리화가 일어납니다. 남편과 저의 다른 점입니다.

남편은 주차사역을 12년 동안 하고 그만 두었습니다. 다음 사람들을 세우는 일은 당연한 것이겠지만 섭섭한 마음이 전해오는 것은 숨기지 못했습니다. 그 후 남편은 다락방장이 되어 공동체의 순을 관리하고 섬깁니다. 할 수만 있다면 우리 부부가 생을 마치기 전까지 주님의 교회를 열심으로 기쁘게 섬길 수 있기를 기도해 봅니다.

우리 부부는 처음부터 은혜 안에서 살았던 사람들이 아닙니다. 그래서 더 서로를 불쌍히 여기는 마음이 있는지도 모르겠습니다. 당연하게 여기고 살았던 것들이 하나님의 은혜가 아니면 유지될 수 없다는 것을 삶으로 경험한 우리는 자신의 힘으로 사는 것이 아님을 말하지 않아도 잘 알고 있습니다.

지금도 남편은 회사에서 돌아오면 골방으로 들어가 기도를 하고 나옵니다. 제가 지방으로 사역을 가는 날이면 어김없이 고속버스터미널이나 기차역으로 데려다주고 기도를 해줍니다. 이전에는 '이런 일들이 정말 일어날까?' 하고 상상만 하던 일들이 제 삶에 이루어지고 있는 것은 분명 주님의 은혜입니다. 아무런 공로 없이 전적인 하나님의 선하심으로 맛보는 긍휼입니다.

남편들아 아내 사랑하기를 그리스도께서 교회를 사랑하시고 그 교회를 위하여 자신을 주심 같이 하라 엡 5:25

제가 새벽기도를 가고, 사역을 가고, 소그룹과 만나는 일에 마음이 집중되는 것 같으면 남편은 가끔 "나는 예씨 성을 가진 분에게 섭섭해"라고 농담을 합니다. 그리고 어느 때부터인지 몰라도 제 최고의 사랑이 예수님이라는 것을 인정해주었습니다. 자신이 넘버 투(예수님 다음)가 되었다는 것을 좋아하면서도 섭섭해 합니다.

기도하는 사람들은 자신의 경건생활과 함께 이웃과의 관계를 늘 살펴야 합니다. 경건생활을 점검할 수 있는 가장 좋은 곳은 가정에서의 부부생활입니다. 부부가 건강한 삶을 살아야 아이들도 그 모습을 배우게 됩니다. 또한 음란한 이 시대에 주님을 따라 사는 경건의 삶을 살 수 있는 능력을 상실한다면 사탄은 가정을 분리시키고 자신의 정욕대로 살도록 유혹할 것입니다.

복음을 받아들이고도 우리는 죄를 짓습니다. 주님이 우리의 옛사람을 죽은 것으로 여겨주셨기에 새사람으로 살고 있지만, 우리에게는 여전히 육신 가운데 살아가는 겉사람이 남아 있습니다. 우리의 육신을 벗을 때까지는 온전한 구원을 받은 영화로운 상태가 아니므로 육신의 소욕은 성령의 소욕에 인도함을 받아야 하며, 이는 기도 가운데 성령의 인도를 받아야만 가능한 일입니다.

지금 세대에게는 무엇이 악한 것인가를 분별하는 능력이 요구됩니다. 우리 스스로에게는 죄에 대해 분별하는 능력이 없습니다. 그러나 성령의 인도를 받으면 새로운 양심으로 악한 일을 분별하며, 이 세대를 본받지 않고 하나님의 선하시고 기뻐하시고 온전하신 뜻을 분별할 수 있게 됩니다.

> 너희는 이 세대를 본받지 말고 오직 마음을 새롭게 함으로 변화를 받아 하나님의 선하시고 기뻐하시고 온전하신 뜻이 무엇인지 분별하도록 하라 롬 12:2

경건은 기도로만 나타나는 것은 아닙니다. 자신의 삶을 돌아보아야 합니다. 경건은 '하나님 앞에 내가 어떤 모습으로 서 있는가' 하는 것입니다. 시간과 공간에 상관없이 종일토록 내가 어떤 사람으로 하나님의 임재 가운데 살아가느냐의 문제인 것입니다. 그래서 우리에게는 경건의 훈련이 필요합니다.

하나님께서 지으신 모든 것이 선하매 감사함으로 받으면 버릴 것이 없나니 하나님의 말씀과 기도로 거룩하여짐이라 네가 이것으로 형제를 깨우치면 그리스도 예수의 좋은 일꾼이 되어 믿음의 말씀과 네가 따르는 좋은 교훈으로 양육을 받으리라 망령되고 허탄한 신화를 버리고 경건에 이르도록 네 자신을 연단하라 육체의 연단은 약간의 유익이 있으나 경건은 범사에 유익하니 금생과 내생에 약속이 있느니라 딤전 4:4-8

경건생활은 개인으로부터 시작해서 가정과 교회로 이어집니다. 경건의 훈련을 통해 기도와 말씀묵상이 하루의 삶을 지배하게 합니다. 나로 살아가기보다 그리스도가 내 안에서 사시기를 소망합니다. 이 일들이 잘 이루어지려면 그리스도와 연합해야 합니다. 스스로 겸비하는 일은 의지를 드리는 마음의 자리, 기도의 자리로 돌아가 주님이 하시는 말씀을 듣고 순종하는 데서 시작됩니다.

"주님! 신실한 마음으로 사는 동안
우리 부부가 함께 주님의 교회를 섬길 수 있기를 기도합니다."

하나님의 택하심과 부르심을 받은 사람들에게 주님은 믿음의 선한 싸움을 싸우기 위한 세 가지를 당부하십니다.

> 오직 너 하나님의 사람아 이것들을 피하고 의와 경건과 믿음과 사랑과 인내와 온유를 따르며 믿음의 선한 싸움을 싸우라 영생을 취하라 이를 위하여 네가 부르심을 받았고 많은 증인 앞에서 선한 증언을 하였도다 딤전 6:11,12

첫째, 의와 경건입니다. 인간의 진정한 행복은 하나님의 율법을 완전하게 지키려고 노력하는 것에서가 아니라 하나님과 다른 사람들과의 올바른 관계에서 옵니다. 오직 예수 그리스도를 믿음으로 하나님으로부터 의롭다고 인정받는 사람만이 하나님의 성품을 닮아갈 수 있습니다. 경건의 삶은 그리스도 안에 내주하시는 성령님의 인도하심을 전제로 합니다. 성령님의 인도를 받는 사람은 경건한 삶을 살게 됩니다.

둘째, 믿음과 사랑입니다. 여기서 믿음은 예수 그리스도를 믿는 구원의 믿음만이 아니라 다른 사람들을 끝까지 신뢰하는 믿음도 포함합니다. 기쁠 때나 슬플 때나 변함없이 상대방을 믿고 신뢰하는 것, 그것이 사랑입니다. 믿음은 말씀대로 행함을 낳고 그 행함은 사랑으로 이어집니다. 사랑은 변하지 않고 영원합니다.

셋째, 인내와 온유입니다. 이는 자신에게 해를 입힌 사람까지도 관용함으로 용서하는 것입니다. 오랜 동안의 고난을 참고 인내함으로 온유한 성품을 소유하게 되면 믿음의 선한 싸움에서 승리할 수 있게 됩니다.

09

주님!
새벽을 깨우는 기도를
계속할 수 있게 해주세요!

새벽을 깨우리라

: 새벽기도

새벽기도를 시작한 것은 인천으로 이사를 간 지 얼마 안 되어서 입니다. 아파트 상가 2층에 있던 교회가 부지를 얻어 건축을 시작한 후 성전에 들어가 기도할 수 있을 정도로 건축이 진행되었을 즈음이었습니다.

저희는 전셋집에 살고 있었는데 1년도 되지 않아서 주인집에서 연락이 왔습니다. 집이 나갔으니 이사를 하라는 것이었죠. 다행히 친정에서 받은 유산의 일부를 보태서 새로 지은 아파트를 살 수 있었습니다. 그러나 아파트 완공이 늦어져 일단 이삿짐만 옮겨 놓고 입주 날까지 서울의 시댁에서 지내게 되었습니다. 한 달 후에 우리는 새 집으로 입주했고, 처음 집을 갖게 된 저희는 그저 행복했습니다.

그런데 그것도 잠시였죠. 윗집은 거의 매일 새벽까지 친구들을 불러서 술을 마시고 흥청망청 떠들었고, 가끔은 얇은 콘크리트 천정 너머로 화투 소리와 화장실에서 용변을 보는 소리가 남편의 마음을 불편하게 했습니다. 남편은 참다못해 인터폰으로 연락을 했고, 두 집은 어쩌다가 마주쳐도 인사도 하지 않는 사이가 되었습니다.

당시 저는 왠지 모를 미래에 대한 두려움으로 교회에 열심히 나가기 시작했고, 집에서는 딸아이를 돌봐주시는 아주머니의 도움으로 성경에 대한 것들을 많이 들을 수 있었습니다. 또 같은 아파트에 사는 박 집사님과의 교제가 시작되었고, 바로 아래층에 사는 정 집사님의 도움을 받아 처음으로 기도원이라는 곳에도 가게 되었죠.

그렇게 신앙생활을 하는 가운데 저도 모르게 하나님에 대한 의문이 커져만 갔습니다. 가게에 나가면 성경을 놓지 않았고, 말씀 속에서 이야기와 깨우침, 회개와 소망이 무더기로 제게 쏟아졌습니다. 그런 제게 하나님께서는 함께 신앙생활을 해나갈 좋은 사람들을 붙여주셨습니다.

하루는 앞 가게에서 왔다며 옷을 보러 온 손님이 말을 걸어왔습니다. 얘기하다 보니 저와 동갑내기였고, 앞 가게 주인의 친동생이었습니다. 그 친구는 등가구를 파는 가게의 한쪽에서 아동복을 팔고 있었습니다. 아직 교회에 나가고 있지 않았고 저와 성격도 달랐지만 이상하게 잘 맞았습니다. 그 후로 매장에 나가면 우리는 성경에 대한 이야기로 꽃을 피웠고, 결국에는 그녀도 교회에 출석하게 되었습니다.

가게 문을 닫고 나면 저는 늘 집에 들렀다가 교회로 갔습니다. 아무도 없는 교회는 썰렁하기 그지없었지만 저는 혼자 있는 것을 좋아했기 때문에 그 자체는 괜찮았습니다. 그 시간 동안 저는 별별 것들을 상상했습니다. 하나님과 대화하는 것, 푸념 같은 말을 하면 하나님께서 대답해주시는 것, 혼자 하는 말들…. 그러고 있으면 한참 후에 눈물도 나고 서럽기도 했습니다.

그렇게 앉아 있으면 낮에 매장에서 읽었던 성경 말씀도 생각났습니다. 그 말씀은 마치 저를 가장 잘 이해하는 친구처럼 위로하고 어루만져주었습니다. 자신에 대한 사랑과 연민으로 가득했던 때였기에 제가 예배당에 있는 시간에는 하나님께서 저만을 위해 존재해주시길 원했습니다. 그 힘으로 기도를 할 수 있었던 게 아닐까 생각합니다.

그리고 시댁에서 1년, 인천에서의 2년이 지나는 늦가을쯤 남편이 하나님께 돌아왔습니다. 저는 주님이 저를 불쌍히 여기셨다는 것을 압니다. 매일 남편이 돌아오기만을 기다렸지만 실제로 돌아온 것을 보니 기적과 같았습니다. 남편은 새벽 해가 어스름하게 뜰 때쯤 술에서 깨지 않은 상태로 집에 돌아오다가 아이를 업고 아파트 입구에서 서성거리며 남편을 기다리는 저를 멀리서 볼 때면 '저 등신! 또 나와 있네'라고 생각했다고 순에서 고백했습니다. 얼마나 감동이었는지 모릅니다. 그 남편이 돌아온 이 모든 것이 하나님의 은혜라고 말할 수밖에 없었죠.

남편이 믿음을 가진 후로 우리 세 식구는 거의 성전에서 살다시피

했습니다. 그때부터 저는 새벽기도를 쉬지 않고 할 수 있었습니다. 하지만 아무것도 모르는 채로 기도하는 것은 무척이나 답답한 일이었습니다. 낮에 매장에 나가면 성경을 읽었고, 저녁에 집에 와서는 남편과 딸아이와 철야기도를 드리러 교회에 갔다가 잠깐 눈을 붙인 후 다시 일어나 새벽기도를 드리고서야 집으로 갔습니다. 모든 것이 새로웠습니다. 한 번도 해보지 않은 일이었기에 두렵고 떨리면서도 한편으로는 기대감으로 꽉 차 있었습니다.

그런데 알아들을 수 있는 말로 기도하는 것은 10분 이상 지속하기가 어려웠습니다. 했던 말을 하고 또 하는 것이 지루하기도 했지만 우선은 하나님께 죄송한 마음이 들었습니다. 하나님 편에서는 얼마나 지루하실까 싶었죠. 저는 새벽기도를 하고 와서도 거실 소파에 무릎을 꿇고 기도를 했습니다. 마치 무엇인가에 홀린 것같이 마음에서 하나님을 밀쳐낼 수가 없었습니다.

그렇게 기도하던 어느 날 방언을 다시 시작했습니다. 아득한 기억 속의 22세 때, 저는 주일예배를 드리다가 살며시 방언을 받았습니다. 제 옆에서 예배를 드리시던 어머니께서 눈물을 흘리며 기뻐해주셨던 기억이 있지만, 그 후로는 방언을 사용하지 않았습니다.

그런데 기도를 오래 할 수 있도록 방언의 은사를 다시 주신 것입니다. 이 은사는 제게 개인적으로 참 많은 유익을 가져다주었습니다. 알아들을 수 없는 말들이었지만 방언을 하면서 점점 하나님께 집중하게 되었고, 말씀으로 깨닫든지, 지혜를 얻든지, 회개를 하든지, 아무튼 무슨 일인가가 제 안에서 벌어지기 시작했습니다. 그리고 더욱 기도할 힘을 얻었습니다.

'하나님! 오늘 손님이 많이 오게 해주세요! 오늘은 기도를 많이 하고 가니 제가 기뻐할 수 있는 일들이 많이 생기기를 기대합니다.'

그렇게 하루를 보냈는데 기대에 어긋나는 결과가 생기면 저는 '내일은 들어주실 거야!' 하며 다음날 새벽을 위해서 잠이 들곤 했죠.

하루는 주일 설교 때 "새벽기도에는 응답이 많습니다. 그러니 작정하고 새벽에 기도해 보십시오. 잠을 자더라도 오셔서 기도하십시오. 분명히 응답이 있을 것입니다!"라는 목사님의 말씀에 저는 반응했습니다. 새벽기도를 빠뜨리지 않고 하기 위해서 알람시계를 여러 개 맞춰 놓고 정말 정성을 다해 작정한 기간을 지키고자 했습니다. 한 번 해서 안 되면 그 다음을 작정하고, 또 그 다음을 작정하고···.

'하나님! 너무하시는 것 아닙니까? 제가 드린 시간들이 얼마나 많은데, 어쩌면 이렇게 응답을 하지 않으시나요?'

아무런 대답이 없으면 스스로 '더 정성을 다해 기도해야 하는가 보다'라고 생각하고 계속 기도했습니다.

제게는 새벽 시간이 너무나도 소중했습니다. 일하는 낮 시간은 분주하기도 했고 마음을 집중해서 할 수 있는 일이란 고작 성경을 읽는 것뿐이었습니다. 건너편 매장의 친구 연숙이는 제게 칭찬을 아끼지 않으며 격려해주었습니다.

"현미야, 네가 내 친구가 되어줘서 참 좋단다."

"현미야, 너는 만날 똑같은 모습이야."

"나는 그런 네가 좋단다."

하나님은 제 주위에서 끊임없이 저에 대한 사랑을 표현하셨습니다. 동갑내기 친구 연숙이를 통해서, 9층의 박 집사님을 통해서, 아래층의 정 집사님을 통해서, 교회의 집사님들을 통해서 저는 주님이 인도하시는 길로 갈 수 있었습니다.

새벽에 선포되는 목사님의 말씀은 종일토록 귓가에 남았고, 저는 계속 그 말씀을 생각했습니다. 생각 속에서 그 말씀 속의 주인공이 되어 이렇게도 해보고 저렇게도 해보았습니다. 그러다 보면 저 같으면 하지 않았을 일들을 성경의 인물들이 왜 저지르는지 답답할 때가 많았습니다. 제 모습을 제대로 알지 못했던 것입니다. 그런 제게 하나님은 말씀을 통해 '나'를 설명해주셨고, 주님의 은혜가 무엇인지를 알게 되기까지 기다려 주셨습니다. 그러나 정말 오랫동안 저는 제 힘으로 살았습니다.

새벽기도의 시간은 제게 신선한 충격을 주었고, 첫 시간을 드리는 겸허함을 가르쳐주었으며, 하나님께 가장 가치 있는 시간을 드릴 수 있게 해주었고, 시간의 십일조를 드릴 수 있게 해주었습니다. 그리고 성실한 습관을 선물해주었습니다.

얼마 후에 교회의 반주자가 다른 곳으로 이사를 가게 되면서 저는 새벽기도 반주의 영광도 얻을 수 있었습니다. 시간을 지킬 수 없을까

봐 남편에게 부탁해서 아예 예배당에서 잠을 자기로 했습니다. 매장에서 돌아와서 철야를 가려고 나서는 시간은 밤 11시쯤이었습니다. 그때 우리 세 식구는 왜 그렇게 신이 났는지…. 예배당에만 들어가면 그렇게 아늑하고 푸근할 수가 없었습니다.

새벽 한두 시까지 기도를 하고 나면 잠도 솔솔 잘 왔습니다. 날이 추워지자 우리는 교회 장의자의 쿠션을 바닥에 깔고 그 위에 전기장판을 놓은 후 이불을 덮고 잠을 잤습니다. 저는 지금도 그때를 잊지 못합니다. 사는 것이 어려웠지만 꼭 그 때문만은 아니었고, 교회에서 기도하는 시간이 정말 소중하게 느껴졌습니다. 우리 세 식구는 철야를 오래 지속했고 그 덕에 새벽작정기도에서 개근상도 받았습니다. 말할 수 없이 기쁘고 행복했죠.

그 후로 시댁에서 살 때는 새벽기도에 갈 수 없어서 방에 앉아 묵상하고 기도를 했습니다. 하루하루 말씀을 붙들고 사는 것이 제 소망이었고, 그 말씀이 저를 붙들어주게 되기까지 성령님은 저를 인도하셨습니다. 시댁에서 분가하면서는 온누리교회 바로 옆의 아파트로 이사하게 되었고, 다시 새벽기도에 나갈 수 있다는 것만으로도 너무나 기뻤습니다.

인천에서의 기억 때문인지 남편은 윗집이 없는 곳으로 이사를 가야 한다고 고집을 부려서 결국은 맨 꼭대기 층으로 이사를 했습니다. 13층은 꽤 높은 곳이었고, 불편한 것이 한두 가지가 아니었습니다. 뭐 하나를 잊어버리고 나오면 엘리베이터를 타고 다시 올라가야하는 것은 물론이고, 친구들이 놀러라도오면 한 마디쯤은 꼭 듣게 되었습니다.

"좀 낮은 데 살지 땅에서 그렇게 떨어져서 사니?"

그렇지만 저는 집이 있다는 것이 너무도 좋아서 이사하고 며칠 동안 잠을 설쳤습니다. 밤에는 부엌 쪽으로 난 커다란 창을 통해서 남산타워가 보였는데, 그 창만 바라다보고 있어도 배가 불렀습니다.

새벽이면 어김없이 기도하러 교회에 갔습니다. 교회에서는 하용조 목사님께서 요한계시록으로 새벽기도를 인도하고 계셨습니다. 그때 들은 내용은 저를 사로잡았고, 하루도 빼놓지 않고 새벽기도를 하러 교회로 향했습니다. 저는 새벽기도 때 많이 울었습니다. 인천의 교회에서 기도하던 일이 떠오를 때면 그리워서 울고, 시댁에서 보냈던 시간들을 생각하면 오늘이 감사해서 울었습니다. 아무도 방해하지 않는 새벽 시간에 저는 하나님 앞에서 감정들을 쏟아놓았고, 그 시간은 저를 주님의 말씀에 더욱 민감하게 반응하게 했습니다.

'주님! 제 눈을 밝혀주세요. 저는 마음이 어두워지는 것이 싫어요. 제 마음에 있는 욕심의 정체가 무엇인지를 알고 싶어요. 저는 자신을 너무나 사랑하는 것 같아요. 그래서 하나님을 더 사랑해야 하는 것을 알면서도 제가 하고 싶은 일들을 위해서 하나님께서 움직이시기만을 원하는가 봐요. 주님! 이런 제가 내일은 주님과 더 가까이 있는 사람이 되기를 기도합니다.'

아주 소박한 기도였습니다. 저는 주님 앞에서 끊임없이 종알댔습니다. 미주알고주알 제 일상을 고하면 마음이 후련했고, 제 마음의 모든 것을 받아주시는 주님이 너무 좋았습니다. 그러면서 육신의 아버지를 일찍 상실한 상처도 치유되었습니다.

시간이 흐를수록 주님과의 교제는 깊어졌습니다. 깊은 교제라는 것이 다른 게 아니라 말씀을 읽고, 묵상하고, 종일토록 그 말씀을 기억하고, 적용하고, 회개하고, 반성하고, 전환하는 것이었습니다. 그러면서 마치 밖에서 관찰하듯이 저 자신을 비판적으로 읽어낼 수 있었고, 그런 내면적인 성찰을 통해서 아주 조금씩이지만 저는 변화하고 있었습니다.

이전에는 제 언어가 얼마나 직선적인지 몰랐습니다. 제 태도가 무뚝뚝하다는 것도 몰랐습니다. 의문이 드는 것에 대해서는 어김없이 질문을 하는 제가 거칠다는 것도 몰랐습니다. 스스로 의롭다고 생각하는 제가 제시하는 진리의 잣대라는 것이 자신의 판단에 기초하고 있다는 것도 알지 못했습니다. 기도는 제게 이 모든 것들을 생활 속에서 깨닫게 해주었습니다.

기도하면 제게 나쁜 일이 일어나지 않을 것이라는 생각은 깨어지기 일쑤였고, 그런 결과 때문에 주님과 논쟁할 때가 많았습니다. 말이 논쟁이지 거의 혼자 하는 투정이었습니다. 그러는 중에도 하나님의 진리는 저를 올바른 길로 이끌었습니다. 때로는 고통 가운데, 때로는 낙심과 절망 가운데 있을 때도 주님의 말씀은 제 길의 빛이 되어주었고, 제 발의 등이 되어주었습니다(시 119:105). 점차 사람들의 말은 믿을 수 없어도 하나님의 말씀은 하나도 빼놓지 않고 이루어짐을 경험하며 깨달아갔습니다.

새벽기도는 하루 중 가장 정신이 맑을 때 드리는 기도라고 할 수 있습니다. 예수님도 아침에 일찍이 일어나 기도하심으로 하나님 아버지와의 대화 없이는 하루를 시작하지 않으셨음을 실제로 우리에게 보이셨습니다. 그러므로 우리도 자신의 뜻대로 살지 않도록, 예수님을 본받아 아침에 일찍 일어나 아버지의 뜻을 묻고 그 뜻에 순종하며 살기를 힘써야 합니다.

그러나 기도해도 아버지의 뜻을 잘 알 수 없는 이유가 무엇일까요? 이미 마음의 소원을 가지고 아버지께 가는 일이 많기 때문입니다. 이미 내 뜻을 정해놓고 아버지께 묻는 것이기에 그 소원을 아버지께서 이루어주시는 것이 목표가 되고, 그 목적을 이루기 위해 할 수 있는 모든 정성과 노력을 다해 아버지를 감동시키고 싶어 합니다.

그렇지만 하나님 아버지는 우리의 정성과 노력에는 별로 감동하지 않으십니다. 구원을 통해서 양자로 입양되었을 때는 그 믿음을 기특하게 여겨주시기에 무엇이든지 이루어주실 것 같은 일들이 발생하기도 합니다. 하지만 우리를 사랑하시는 아버지는 만일 우리가 원하는 것이 모두 이루어지면 오히려 아버지를 멀리하고 잘못될 것을 이미 알고 계십니다. 이 사실을 빨리 깨닫는 것이 지혜입니다.

엿새 후에 예수께서 베드로와 야고보와 그 형제 요한을 데리시고 따로 높은 산에 올라가셨더니 그들 앞에서 변형되사 그 얼굴이 해같이 빛나며 옷이 빛과 같이 희어졌더라 그때에 모세와 엘리야가 예수와 더불어 말하는 것이 그들에게 보이거늘 베드로가 예수께 여쭈어 이르되 주여 우리가 여기 있는 것이 좋사오니 만일 주께서 원하시면 내가 여기서 초막 셋을 짓되 하나는 주님을 위하여, 하나는 모세를 위하여, 하나는 엘리야를 위하여 하리이다 말할 때에 홀연히 빛난 구름이 그들을 덮으며 구름 속에서 소리가 나서 이르시되 이는 내 사랑하는 아들이요 내 기뻐하는 자니 너희는 그의 말을 들으라 하시는지라 제자들이 듣고 엎드려 심히 두려워하니 예수께서 나아와 그들에게 손을 대시며 이르시되 일어나라 두려워하지 말라 하시니 제자들이 눈을 들고 보매 오직 예수 외에는 아무도 보이지 아니하더라 그들이 산에서 내려올 때에 예수께서 명하여 이르시되 인자가 죽은 자 가운데서 살아나기 전에는 본 것을 아무에게도 이르지 말라 하시니

마 17:1-9

주님은 기도하실 때 세 제자와 동행하셨습니다. 그들은 겟세마네 동산에서 예수님이 유다에게 배반당하실 때도 함께했습니다. 저도 주님의 제자라는 자부심을 가지고 사역을 하곤 했습니다. 제 마음속에는 언제나 주님이 가장 사랑하시는 제자가 되고 싶다는 소원이 있었습니다. 그리고 주님이 변화하신 모습을 상상하며 천국에서가 아

닌 이 땅에서 그런 변화를 꿈꾸고 있는 저를 발견하게 되었습니다. 신령한 모습을 꿈꿨던 제 마음이 실상은 다른 사람들보다 더 인정받고 싶은 열등의식에서 비롯되었음을 알게 된 것은 제 자신을 부인하기 시작하면서부터입니다. 주님과 같이 몇몇만이 함께할 수 있는 은밀한 곳에 초막을 짓고 끝까지 그렇게 살면 좋겠다는 생각은 실상 현실을 도피하고 싶은 마음에서 비롯되었음도 드러났습니다.

그러나 주님은 산에서 그들을 데리고 내려가셨습니다. 산을 내려오는 장면은 보이지도 않았고, 보고 싶지도 않았습니다. 제게 세상은 괴롭고 처절한 곳이었습니다. 그렇기에 주님과 함께 한적한 곳에서 영원히 살고 싶다는 마음에 가끔 죽음이라는 것도 생각할 만큼 제 안에는 혼돈이 있었습니다.

예수께서 제자들을 데리고 산에 오르신 이유가 무엇이었을까요? 증인이 필요하셨을까요? 유대인의 법에 따르면 두 사람 이상이 있어야 어떤 사실을 증명할 수 있다고 하지만 그 이유만은 아니었을 겁니다. 주님과의 은혜의 시간, 임재의 시간을 맛본 후에는 그 힘을 가지고 세상으로 내려와야 하는 것을 가르치기 위함이셨습니다.

주님의 임재의 시간에 주어지는 진정한 기쁨은 가정으로, 일터로, 이웃에게로 가고 싶은 열정을 일으킵니다. 가장 소중한 것을 드릴 수 있는 하루의 시간으로는 새벽이 참으로 좋습니다. 새벽에 주시는 힘과 평안과 기쁨을 통해서 가족과 동역자들을 사랑할 수 있게 하신 주께 감사를 드려봅니다.

한국교회와 같이 일찍 일어나 기도하는 곳이 드물다는 말은 교회를 다니기 시작하면서부터 들어왔습니다. 그럼에도 불구하고 기도의 능력이 나타나거나 응답을 받는 일이 적은 이유가 무엇인지는 알려고도 하지 않은 채 말입니다. 그저 '지성이면 감천'이라고 여기며 '치성' 대신 '기도'로 단어만 바꾸었을 뿐입니다.

우리의 기도가 잘못된 것은 이미 받고 싶어 하는 목적이 있는 기도이기 때문입니다. 믿음으로 드리는 기도는 우리의 뜻대로 살고자 하는 기도가 아니라 하나님의 뜻을 알기 위한 기도이며, 그분의 뜻대로 살아보려는 의지에서 시작되어야 합니다.

만약 치성을 드려서 그 일이 이루어진다면 우리는 새벽이 아니라 밤을 새서라도 신적인 존재를 움직이고 싶어 한다는 것을 인정해야 합니다. 그러면 마음의 이기심을 내려놓고 하나님의 뜻에 순종한다는 것은 자신과의 치열한 싸움이 필요한 일임을 깨닫게 됩니다. 이 싸움은 정신이 가장 맑을 때 하는 것이 효과가 가장 큽니다. 새벽 시간은 어두움이 물러가고 여명이 떠오르며, 가장 선명한 생각을 가지고 집중할 수 있는 시간이 될 수 있습니다. 그래서 저는 새벽기도의 시간을 꼭 갖기를 권합니다.

새벽 아직도 밝기 전에 예수께서 일어나 나가 한적한 곳으로 가사 거기서 기도하시더니 막 1:35

비파야, 수금아, 깰지어다 내가 새벽을 깨우리로다 시 108:2

새벽기도의 시간에 저는 하나님 아버지께 제 마음을 표현하고 성령님이 깨닫게 하시는 것들에 반응하는 선언이나 선포를 했습니다. 그리고 '듣는 기도'라는 것을 하면서는 주님의 사랑과 자비, 즉 헤세드를 구했습니다. 듣는다고 해서 침묵으로 일관한 것이 아닙니다. 그 시간은 제 마음속 깊은 곳에 내재되어 있던 이기심이나 죄성에 대한 성찰이 일어나며, 그리스도의 마음을 증거하시는 성령님의 역사로 인해 그 은혜를 깊이 깨닫는 역사가 일어나면서 회개가 터지는 시간입니다. 저는 새로운 삶의 방식을 간구했고, 그 방식을 따라 살고자 하는 신앙의 의지도 살아났습니다.

이처럼 스스로 할 수 있는 것은 아무것도 없음을 고백하게 되자 하나님께서 원래 의도하셨던 제자리로 차츰 돌아가게 되었습니다. 죄의 종이 아닌, 세상의 풍조를 따라가는 것이 아닌, 육신의 정욕과 안목의 정욕과 이생의 자랑을 좇는 것이 아닌 제 안의 그리스도께서 사시도록 하는 기도를 배운 것입니다.

내가 그리스도와 함께 십자가에 못 박혔나니 그런즉 이제는 내가 사는 것이 아니요 오직 내 안에 그리스도께서 사시는 것이라 이제 내가 육체 가운데 사는 것은 나를 사랑하사 나를 위하여 자기 자신을 버리신 하나님의 아들을 믿는 믿음 안에서 사는 것이라 갈 2:20

이 사랑을 알기까지 참으로 오랜 시간이 걸렸습니다. 지금도 다 아는 것은 아니지만 이제는 주님의 사랑에 대한 확신이 있습니다. 주님의 강한 손과 편 팔이 나를 붙들고 놓지 않으시며, 영원까지 나를 지키시는 것을…. 이 모든 것이 새벽, 그 홀로의 시간에 가졌던 주님과의 만남에서 이루어진 일들입니다.

"주님! 새벽을 깨우는 기도를 계속할 수 있게 해주세요!"

새벽에 일어나는 것 자체가 선한 싸움입니다. 분주하고 바쁜 일상을 살아가는 분들이 주님과 깊은 기도 가운데 나아가기 위해 새벽을 깨우는 일은 자신의 의지를 끊임없이 드려야 하는 일입니다. 그래서 새벽기도에는 동역이 필요합니다.

시간을 정해서 새벽에 만날 수 있는 친구를 정해놓거나 소그룹으로 만날 수 있다면 새벽기도가 조금은 수월해질 것입니다. 새벽 강단에서 선포되는 말씀을 통해서 일어날 수 있는 일들을 정리해봅니다.

첫째, 말씀을 들으면서 자신의 행동이나 언어, 습관에 대한 반성이 일어날 수 있습니다. 그리고 이에 직면하고 돌이키는 회개의 기도를 하게 됩니다.

둘째, 말씀으로 해결되지 않았던 상황이나 계속적인 어려움 가운데 응답을 기다리던 기도제목이 있다면 주님의 응답이 이루어질 때까지 하루하루 견딜 수 있는 힘을 얻을 수 있습니다.

셋째, 자신이 경험한 일들을 서로 나눌 수 있는 기도와 묵상 모임이 있다면, 서로의 나눔을 통해 혼자 있을 때보다 몇 배나 큰 힘을 얻을 수 있습니다.

넷째, 나누었던 일들에 대한 결과를 서로 궁금해하며 주께서 어떻게 역사하시는지를 함께 기다린다면, 말씀을 통해서 성령님이 요청하신 새 마음으로 살아갈 수 있도록 서로 일깨워주는 효과를 얻게 됩니다.

다섯째, 새벽에 기도하는 것은 주님을 가장 많이 닮은 기도의 모습이지만 다른 기도의 방법들을 통해서도 주님의 마음을 알아가야 할 것입니다.

주님!
주님이 주신 모든 것에 감사합니다.
뒷걸음치지 않고 끝까지 감사하며 살아보겠어요.

감사의 노래를

: 감사기도

다섯째 인을 떼실 때에 내가 보니 하나님의 말씀과 그들이 가진 증거로 말미암아 죽임을 당한 영혼들이 제단 아래에 있어 큰 소리로 불러 이르되 거룩하고 참되신 대주재여 땅에 거하는 자들을 심판하여 우리 피를 갚아주지 아니하시기를 어느 때까지 하시려 하나이까 하니 각각 그들에게 흰 두루마기를 주시며 이르시되 아직 잠시 동안 쉬되 그들의 동무 종들과 형제들도 자기처럼 죽임을 당하여 그 수가 차기까지 하라 하시더라 계 6:9-11

주님과 함께 생명의 길을 걸었던 많은 증인들이 하늘의 제단 아래서 하나님께 고하는 장면입니다. 그들은 증인들의 피를 흘리게 한 사람들을 속히 심판해주시길 간구하고 있습니다.

이 말씀을 처음 묵상할 때 제 눈에 들어온 것은 하나님께서 갚아주시는 '심판'이었습니다. 저는 사람들과의 관계가 조금만 어긋나도 아팠습니다. 이전의 생각과 이성의 판단으로는 그 상황에서 전혀 예수님의 마음에 도달할 수 없었기 때문입니다. 그만큼 저는 성령님이 가르치시는 일에 무지했고, 하나님을 믿는 목적도 저를 위한 것이었습니다. 저는 끊임없이 하나님 앞에 상소를 올렸습니다. 조금이라도 아프면 하나님께 그들에 대해 이르고, 그들을 심판하실 것을 종용했습니다.

어쩌면 오랫동안 저는 거듭나지 않았을지도 모르겠습니다. 거듭난다는 것은 예수님의 십자가 사랑을 알게 하시는 성령님으로 인해 제게 베푸신 구원의 은혜를 마음으로 믿는 것이고 입으로 시인하는 것이기 때문입니다. 그러나 저는 이기심에 싸여 저를 괴롭게 하는 모든 사람들을 심판해주시기를 기대했습니다. 그 모습을 다시 생각해보면 부끄럽기 짝이 없습니다.

증인들의 독촉에 주님이 얼마나 크신 사랑으로 대처하시는가를 이 말씀에서 볼 수 있습니다. 그들에게 흰 두루마기를 주셨다는 것은 이미 그들이 구원과 영생을 얻은 것을 의미합니다. 땅에서 심판을 기다리는 사람들 중에도 천국의 증인들과 같이 죽임을 당해 순교자가 될 사람들이 있음을 가르쳐주시고, 그들의 수가 차지까지 기다릴 것을 당부하십니다.

주님은 기다리실 것입니다. 제가 구원받고 성장해서 부르심의 소명에 "예" 할 때까지 기다리신 것처럼 이 땅에서 구원 받은 자의 수가 차기까지 기다리실 것입니다. 그 사랑은 우리의 마음에도 부어져 자신에게 해를 입히는 자에게도 용서와 관용을 베풀고 그들의 구원을 위해 기도할 수 있는 사람이 되어가게 할 것입니다. 우리의 미래를 아시는 분은 하나님 한 분뿐이십니다. 그래서 그분은 우리에게 소망이 되실 수 있습니다. 이처럼 저를 기다려주신 주께 어찌 감사하지 않을 수 있겠습니까?

돌아보면 하나님의 은혜는 곳곳에 있었습니다. 제 육신의 것만 생각할 때는 보이지 않던 것들이 마음의 눈이 밝아지자 보이기 시작했습니다. 좋은 일, 나쁜 일이 제가 판단할 수 있는 것이 아니라 좋은 일이 있을 때도 힘든 일이 함께 있을 수 있고, 안 좋은 일들이 계속된다고 생각될 때도 좋은 날들이 있었다는 것을 인정하게 되었죠. 매 순간은 그렇게 섞여서 지나간다는 것을 일찍 알았더라면 세상을 좀 더 아름답게 살아올 수 있었을 텐데, 좋고 나쁨과 옳고 그름을 판단하느라 얼마나 자신을 힘들게 했는지 모릅니다. 다른 사람이 저를 괴롭힌 것이 아니고 제가 저를 괴롭히며 산 것입니다.

하나님은 저를 위해 열심이셨습니다. 그저 하나님의 자녀가 되었기에 못된 마음도 좋게 여겨주시고, 저를 어떻게 이끌어 가실지 계획하시고, 다치지 않게 보전하시느라 애쓰시는 것을 제가 미련해서 몰랐을 뿐입니다.

형통한 날에는 기뻐하고 곤고한 날에는 되돌아보아라 이 두 가지를
하나님이 병행하게 하사 사람이 그의 장래 일을 능히 헤아려 알지 못
하게 하셨느니라 전 7:14

소그룹 중보기도팀을 형성하고 기도를 시작한 지도 꽤 오래되었
고, 강의를 하며 지방으로 다닌 지도 거의 10년이 되었습니다. 처음
강단에 섰을 때가 기억납니다. 교회에서 사귐이 있던 집사님들이 찬
양을 맡아주시며 제 첫 사역에 동참해주셨습니다. 중보기도팀과 찬
양팀이 함께한 첫 강의는 제게 무한한 감사와 감동이었습니다.

그때만 해도 저는 제가 무엇인가를 잘하기 때문에 하나님께서 세
우신다고 생각하고 있었습니다. 저는 그 생각이 교만인지도 구분하
지 못했고, 다른 신자들보다 쓸 만한 것이 있어서 주님이 특별히 사
용하신다고 생각한 것입니다. 스스로도 잘한다고 여겼기 때문인지
저는 이에 대해서 하나님께 묻지 않았습니다. 굳이 물을 필요를 못
느꼈기 때문입니다. 사람들은 하나님께 물으면 답이 다 나오느냐고
제게 묻곤 하는데 매번 정답을 주신다기보다는 하나님께서 주신 양
심과 주님의 말씀에 비추어서 최선의 것을 붙잡는다는 것이 맞을 듯
합니다.

지방에서의 강의는 감당하기 버거울 정도로 열리기 시작했습니
다. 기도훈련을 받을 때 사역은 혼자 하면 안 된다는 것을 배워서 그
가르침에 충실하고자 중보팀과 함께 다녔죠. 함께하시는 집사님들

은 열정적으로 동역해주셨습니다. 그렇게 2년 정도 정신없이 사역을 다니다가 제가 품었던 죄로 인해 중보기도와 사역을 1년 간 멈추고 하나님 앞에만 있게 되었습니다(이전 책에서 언급했던 사역자 문제가 터진 겁니다).

'주님! 저는 이 모든 것을 포기하고 숨고 싶어요. 누군가 저를 바라보는 것도 부담스럽고, 그저 혼자 있고 싶어요.'

'그러면 너를 돕던 팀들은 어떻게 할 건데?'

기도 중에 저는 스스로에게 반문했습니다.

'각자 알아서 가겠지. 하지만 그건 너무 양심이 없는 소리잖아! 그들이 내게 어떻게 해주었는데! 나보다 더 좋으신 분들이고 잘 하실 분들이니 괜찮아!'

아무리 혼자서 중얼거려도 그들에 대한 답이 나오지 않았습니다. 1년을 쉬면서 저를 향한 지탄의 소리도 들어야 했습니다. 너무 독선적이고, 다른 사람들의 생각을 무시하며, 변덕스럽고, 함께하기 어려운 사람이라는 것이었습니다. 마음의 손상은 저를 점점 위축시켰고, 정직한 소리를 하는 분들에게서 멀어지고만 싶었습니다.

1년 후 20명 정도가 다시 모였는데, 무슨 이유에서인지 팀은 하나가 되기 어려웠습니다. 서로에 대해 정직하게 말하지 못했고, 마음에서는 불평과 원망이 커져갔습니다. 가장 많은 불평은 물론 저에 대한 것이었습니다. 저는 팀원들과 독대를 시작했습니다. 그리고 사죄할 것이 있으면 사죄하고, 설명할 것이 있으면 설명했습니다.

그때 기도하면서 제 안에 있던 수직 구조를 발견했습니다. 제 강의를 돕는 것은 팀들이 당연히 해야 할 일이라는 생각이었습니다. 하지만 그 일은 당연한 것이 아니었습니다. 팀원 모두의 희생과 헌신이 없이는 이루어질 수 없는 일이었습니다.

그러나 저는 주님을 위해 일하는 것이고, 이 일에 각자의 위치가 있기에 모두를 부르신 것이라고만 생각했습니다. 제 자신도 팀과 함께 기도하는 동역자일 뿐이라는 사실을 망각하고 있었던 것입니다. 그들은 제 생각에서 소외되었고, 제게는 오직 주님과 소명만이 남아 있었습니다. 주님은 그런 제 생각을 깨우쳐주시기 시작했습니다.

'네게 가장 소중한 것은 무엇이냐?'

'물론 주님이지요.'

'아니다. 너는 네가 제일 소중하구나. 너는 나를 너의 열정을 위해서만 사용하고 있고, 팀들도 너를 위해서 사용하고 있지는 않는지 돌아보렴.'

'아니에요! 제게 그런 마음이 있을 리가 없어요. 모두 주님을 위해서 함께하는 것이잖아요. 그들이 하는 것에 대해서는 그들 자신이 책임져야 하는 것이 아니겠어요?'

'네게 부족한 것이 무엇인지를 잘 모르는 것 같구나. 너는 나를 사랑한다고 하면서 내가 가장 아끼는 사람들을 소외시키고 그들을 함부로 대한 적은 없느냐?'

저는 한참을 침묵했습니다. 그리고 그 질문에 대해 생각하기 시작했습니다. '주님은 어떻게 생각하실까?'를 생각하고 또 생각했습니다. 그리고 제 연약함을 인정하기 시작했습니다. 마음으로는 그들을 존경하고 사랑한다고 했지만 그 마음에 대한 표현은 미흡했다는 것을 깨달았습니다. 제 잘못을 인정하는 것은 쉬운 일이 아니었습니다. 그러나 속히 인정하려고 하니 답은 더 빨리 드러났습니다.

제게 없었던 것은 팀에 대한 감사였습니다. 저는 그들에게 그런 대접을 받을 만한 사람이 아니었습니다. 오직 주님의 은혜로 만나게 되었고, 제 사역 또한 주님이 주시지 않으면 할 수 없는 것이었으며, 함께한 사람들이 없다면 제 사역은 지식을 전달하는 것으로 그칠 뿐 경험을 통한 영향력은 줄 수 없었음을 깨달았습니다.

팀들과의 심도 높은 대화는 계속 진행되었고, 주님의 임재 앞에 드러난 제 적나라한 모습을 바라보기가 괴로웠지만 이전보다 더 깊은 터치를 통해 제 내면을 들여다보는 일이 깊어져 갔습니다. 그럴수록 제 스스로 판단하는 일들은 영적 무지로 인해 열매를 맺을 수 없으며, 주님의 말씀을 듣고 순종하려는 것만이 열매를 맺어간다는 것을 알게 되었습니다. 그리고 공동체 안에서 제 내면을 고백하며 용서를 구하는 회개의 기도를 드리고, 공동체적인 기도를 통해 감추어져 있던 상처 또한 치유받기 시작했습니다.

공동체가 없다면 우리는 이기적이거나 정욕적이거나 공격적인 사람이 될 수 있습니다. 저는 공동체를 통해서 참된 겸손이 무엇인지를 배웠습니다. 기도팀을 생각할 때마다 항상 하나님께 감사할 수밖에 없는 것은 실제로 그들이 감사의 일을 만드는 통로가 되어주었고, 그 감사가 원동력이 되어서 이제는 모든 일에 하나님께 감사하는 것을 배우게 되었기 때문입니다.

형제들아 우리가 너희를 위하여 항상 하나님께 감사할지니 이것이 당연함은 너희의 믿음이 더욱 자라고 너희가 다 각기 서로 사랑함이 풍성함이니 살후 1:3

주께서 사랑하시는 형제들아 우리가 항상 너희에 관하여 마땅히 하나님께 감사할 것은 하나님이 처음부터 너희를 택하사 성령의 거룩하게 하심과 진리를 믿음으로 구원을 받게 하심이니 살후 2:13

우리가 너희를 위하여 기도할 때마다 하나님 곧 우리 주 예수 그리스도의 아버지께 감사하노라 이는 그리스도 예수 안에 너희의 믿음과 모든 성도에 대한 사랑을 들었음이요 너희를 위하여 하늘에 쌓아둔 소망으로 말미암음이니 곧 너희가 전에 복음 진리의 말씀을 들은 것이라 골 1:3-5

일상을 살아가면서 누군가에게 감사하는 일은 생각보다 쉽지 않습니다. 좋은 관계를 유지하기 위해서는 에너지가 필요한데, 우리에게 있는 에너지는 자기 자신을 향하기 쉽기 때문입니다. 그래서 자신의 에너지를 다른 사람들을 위해 사용하기 위해서는 약간의 훈련이 필요합니다.

시편의 대부분은 탄식으로 이루어져 있지만 결론에 가서는 하나님을 찬양하고 감사하는 것으로 마무리됩니다. 전도서에서도 해 아래 새것이 없다고 말하지만 결론에서는 그렇기에 여호와를 경외하라고 합니다. 욥기에서도 그 끔찍한 시간을 통과한 욥이 결국에는 하나님 앞에 무릎을 꿇고 고난과 고통을 통해서 하나님의 주권과 자비를 나타내신 것을 고백하고 감사드리는 모습이 나옵니다.

무엇인가를 받았을 때를 제외하고는 무엇으로 감사해야 하는지를 배우지 못한 경우가 많습니다. 그런 경우에는 하나님과의 관계에서도 무엇인가를 받지 않으면 그 생각이 곧 허망해져서 하나님을 영화롭게도 하지 않고, 감사하지도 않고, 미련한 마음이 어두워져서 스스로 지혜 있다 하지만 어리석은 자가 되고 맙니다.

우리의 기도에는 분명한 대상이 있습니다. 기도에 대한 오류 중 하나는 대상입니다. 하나님은 우리를 기도하는 피조물로 만드셨습니다. 우리가 예배해야 할 대상은 유일한 하나님이신데, 죄를 지음으로 더러워진 우리의 양심은 하나님께서 영원하신 신성과 능력을 만물 가운데 보이셨어도 그것을 알아보지 못하고 우상을 만들어 그것들에게 절하고 섬기는 오류를 범하게 된 것입니다. 우리의 기도와 예배의 대상은 오직 하나님 한 분이십니다. 그리고 하나님께서 우리에게 어떤 것들을 예비하시고 인도하시는지를 알수록 우리는 하나님께 감사드리지 않을 수 없습니다.

하나님의 진노가 불의로 진리를 막는 사람들의 모든 경건하지 않음과 불의에 대하여 하늘로부터 나타나나니 이는 하나님을 알 만한 것이 그들 속에 보임이라 하나님께서 이를 그들에게 보이셨느니라 창세로부터 그의 보이지 아니하는 것들 곧 그의 영원하신 능력과 신성이 그가 만드신 만물에 분명히 보여 알려졌나니 그러므로 그들이 핑계하지 못할지니라 하나님을 알되 하나님을 영화롭게도 아니하며 감사하지도 아니하고 오히려 그 생각이 허망하여지며 미련한 마음이 어두워졌나니 스스로 지혜 있다 하나 어리석게 되어 썩어지지 아니하는 하나님의 영광을 썩어질 사람과 새와 짐승과 기어다니는 동물 모양의 우상으로 바꾸었느니라 그러므로 하나님께서 그들을 마음의 정욕대로 더러움에 내버려 두사 그들의 몸을 서로 욕되게 하게 하셨으니 이는 그들이 하나님의 진리를 거짓 것으로 바꾸어 피조물을 조물주보다 더 경배하고 섬김이라 주는 곧 영원히 찬송할 이시로다 아멘 롬 1:18-25

자연은 우리에게 하나님의 존재를 나타내줍니다. 헨리 나우웬은 '하나님께서 우리의 유한한 틀 안에 계시지 않기 때문에 우리가 하나님의 많은 주제에 대해서는 능통할 수 있지만 하나님에 대해서는 전문가가 될 수 없다'고 말합니다.

그렇기 때문에 우리가 하나님에 대한 무지를 인정하면 할수록 주님의 마음이 부어집니다. 그리스도를 경험하고 그 너머의 지혜를 얻으면 마음으로 보는 주님의 세계가 열리면서 우리에게 행하신 일들이 얼마나 아름답고 감사한 일인지를 알게 됩니다.

"주님! 주님이 주신 모든 것에 감사합니다.
뒷걸음치지 않고 끝까지 감사하며 살아보겠어요."

하나님을 예배하는 것에는 내용이 있습니다.

첫째, 찬양입니다. 전지전능, 무소부재, 영원무궁하신 하나님만이 가지신 속성과 우리와 공유하시는 하나님의 속성들—자비, 사랑, 성실, 의로움, 공의 등—을 인정하고 찬양하는 것입니다. 즉 하나님을 높여드리는 것입니다.

둘째, 기도입니다. 기도는 자백과 회개, 간구와 선포, 중보기도와 듣는 기도 등 모든 것을 포함합니다. 물론 경배도 빼놓으면 안 되겠지요.

셋째, 말씀 선포입니다. 개인적인 예배는 하루의 말씀을 묵상하는 것이지만 공동체적인 예배에서는 말씀을 맡은 목사님의 설교가 선포됩니다. 명확한 길을 제시받을 수 있는 말씀 선포는 삼위일체의 하나님을 아는 것을 토대로 구원과 성화와 영생에 대해 하나님의 백성이 가야할 말씀의 방향과 행동을 도전 받을 수 있는 근거가 됩니다.

마지막으로 예물입니다. 예물은 감사의 뜻을 표현하는 것으로, 구약시대 하나님의 백성들은 하나님의 성막에 나올 때마다 소유가 적은 자는 적은 대로 많은 자는 많은 대로 제물이나 예물을 가지고 왔습니다. 자기 민족을 애굽에서 빼내시어 종의 신분에서 자유자가 되게 하신 하나님께 감사해서 드리는 것과 하나님의 백성으로 살아갈 때 힘입는 거룩함에 손상이 나지 않도록 죄에 대한 보상으로 드리는 예물이었습니다.

이제는 예수 그리스도로 인해 모든 것을 감사할 수 있습니다. 은혜의 보좌 앞에 나올 때마다 나를 구원하신 주님의 그 은혜를 깨달을 수 있다면 그 감격과 감사를 어찌 표현하지 않을 수 있겠습니까!

주님!
우리의 삶이 전도하는 삶이 될 수 있도록
도와주세요.

믿지 않는 영혼을 위해

: 전도하는 기쁨

저는 친구가 한번 던져본 말에 이끌려 호기심으로 교회에 나가게 되었습니다. 그래서인지 적극적인 전도에 그다지 마음이 있지 않았습니다. 이전에 명동 거리에서 전도지를 나누어주던 사람들에 대한 좋지 않은 기억이 강했기 때문일 수도 있습니다.

첫아이를 낳고 얼마 되지 않았을 때의 일입니다. 우리 교회에는 인천 지부를 담당하셨던 예수전도단의 책임자가 출석하고 있었는데, 그 분을 통해 예전단에서 주최하는 전도대회가 부산에서 열린다는 소식을 접한 담임목사님이 교인 모두가 참석해서 전도할 것을 권유하셨습니다.

저는 전도대회가 열리는 2박 3일 동안 아이를 친정어머니께 부탁드렸고, 어머니는 흔쾌히 승낙해주셨습니다. 저는 아이를 낳고 처음

맛보는 자유에 은근히 기대가 넘쳤고, 더구나 목사님 내외와 같은 차로 갈 수 있는 기회가 생겨 더 기뻤습니다.

5시간을 걸려 부산에 있는 고신대 캠퍼스에 도착했습니다. 숙소를 일일이 배정할 수 있는 형편이 못되어서 교실의 의자를 모두 치운 곳에 스티로폼을 깔고는 각자가 준비해 온 이불을 덮고 자야 했죠.

가자마자 우리는 강당에서 교육을 받았습니다. 둘씩 짝을 지어서 함께 다닐 것, 한 사람이 전도를 하면 한 사람은 무릎을 꿇고 기도를 할 것, 나누어 준 종이에 전도 대상자들의 정보를 기록해서 후에 꼭 가까운 교회로 갈 수 있도록 할 것 등이었습니다. 남편과 저는 함께 다니게 되었습니다. 저희가 속한 팀이 맡은 지역은 부산의 광복동이었는데, 아직 한 번도 해보지 못한 일에 대한 두려움을 안고 버스에 올랐죠.

광복동에서 극장이 있는 번화가를 택해 버스에서 내린 우리는 무릎을 꿇고 기도하기 시작했습니다. 한여름의 날씨는 아스팔트를 녹이고 있었고, 반바지 차림이었던 저는 뜨거워지는 무릎에 신경이 쓰여 정신이 하나도 없었습니다. 한참을 통성으로 기도하는 중에 누군가 소리를 질렀습니다. 기도하는 소리가 시끄러웠던지 어떤 사람이 건물 위에서 양동이로 물을 쏟아부은 것이었죠. 기도하던 사람들은 '마침내 시작되었구나' 하는 마음으로 더 큰 소리로 기도를 했고, 주위에서는 많은 사람들이 욕을 하거나 걱정을 하며 웅성거렸습니다.

기도가 끝난 후 각자 흩어져 전도를 시작했습니다. 우리 부부의 걱정은 '과연 우리가 전도를 할 수 있을까?' 하는 것이었습니다. 우리 둘 모두 남에게 아쉬운 소리를 해본 경험이 없었기 때문이었죠. 처음에는 이리저리 걸어만 다녔습니다. 걸으면서 교회 집사님들과 만나는 일이 많아지다보니 한 사람이라도 전도를 하지 않으면 창피를 당할 것 같았습니다.

아침 8시 30분에 도착해서 30분 정도 예배하고 기도한 후 9시부터 12시까지 3시간 동안 전도하는 일정이었습니다. 제 안에서 시간을 대충 보내고 싶은 마음과 창피를 당하면 안 되겠다는 마음이 교차하고 있는 차에 남편이 먼저 진지한 마음으로 전도를 하자고 했고, 저도 속히 동의했습니다. 그러나 더위에 약한 저는 이미 지쳐서 쓰러질 지경이었죠.

오전 시간이 악몽과 같이 지나갔습니다. 저는 그저 의무감에 두 명 정도를 만나서 정보를 얻었는데, 그 두 사람은 바빠서 그랬는지 아니면 귀찮아서 그랬는지 대충 써주고 갔습니다. 우리는 12시에 다시 광장에 모였고, 버스에 올라 고신대로 돌아갔습니다. 점심식사 후 강당에 모였는데 졸음이 쏟아져 내렸습니다. 결국 누군가의 전도 간증을 듣는 시간에 스르르 잠이 들고 말았습니다. 시간이 조금 지났을까, 익숙한 목소리가 들려왔습니다. 우리 교회 노 집사님의 목소리였죠.

노 집사님은 시장에서 어묵을 직접 만들어 판매하고 있었는데, 어느 분을 좇아 기도원에 갔다가 악한 영의 역사로 이상한 현상을 경험하셨습니다. 덕분에 교인들이 집에 가지도 못한 채 꼬박 며칠을 기도해서 정상으로 돌아왔다고 했습니다. 그 일로 인해 노 집사님의 남편이 주님의 품으로 돌아오게 되었고, 지금은 목사님이 되셨다는 소식을 들었습니다.

그런 집사님이 간증을 하려고 마이크를 잡고 있었습니다. 저는 잠에서 번쩍 깼습니다. 집사님은 정말 말을 잘했습니다. 집사님도 처음 광복동 거리를 밟았을 때 두려움이 몰려왔다고 했습니다. 그 두려움을 넘어보려고 애쓰며 전도하시는 그 분을 본 기억이 문득 떠올랐습니다.

거리에는 하얀 모시 한복을 입은 남자 한 사람이 덩치 큰 사람들에 둘러싸인 채 앉아 있었습니다. 딱 보아도 조금 무서운 집단의 사람들이었습니다. 그런데 해맑은 노 집사님이 전도지를 갖고 그쪽으로 향하는 것이었습니다. 조마조마했지만 우리도 전도를 하느라고 지나쳐 갔습니다. 그 이후의 사건을 노 집사님이 간증하고 있었습니다.

거리에 앉아 있던 사람에게 다가가기도 전에 노 집사님은 제재를 당했습니다. 그제야 눈치를 챈 노 집사님은 어디서 그런 생각이 떠올랐는지 마구 방언을 하기 시작했다고 합니다. 그랬더니 그들이 미친 사람 취급을 하며 가라고 해서 그 자리를 도망치듯 빠져나와 무리가 있는 곳으로 왔다는 것입니다.

그런데 이야기는 거기서 끝나지 않았습니다. 전도를 하지 못한 것이 부담이 되어서 길을 걸어다니고 있는데 마침 두세 사람씩 무리지어 오는 단체가 보여서 무작정 그쪽으로 선회했고, 무리 앞에 선 노 집사님은 "예수를 믿으세요!"라고 말했습니다. 어리둥절한 얼굴로 멀뚱하게 서서 듣던 그 사람들이 한참 후에야 말을 했는데, 알고보니 일본사람들이었습니다. 하지만 노 집사님은 그들을 향해서 또 방언을 쏟아내기 시작했고, 웃으면서 전도지를 주고 왔다고 합니다.

간증을 듣던 청중들은 배꼽이 빠지도록 웃었습니다. 피곤하고 지쳐 있던 우리에게 그 이야기는 새 힘을 주었습니다. 노 집사님의 행동은 지금까지도 우리의 입에 회자될 정도로 기억에 남아 있습니다.

점심시간에 정신이 번쩍 들게 했던 노 집사님의 간증 덕분에 우리는 용기를 내었습니다. 지나가는 사람들을 붙잡고 우리가 받은 은혜를 나누기도 했고, 그냥 전도지만이라도 받아달라고 호소를 하기도 했습니다. 무더위가 기승을 부리는 한여름에 우리는 그렇게 받은 은혜에 응답하고 싶었습니다. 이틀 후 우리는 26명의 대상자 정보를 얻을 수 있었고, 그들이 정확한 주소지를 기록했다면 아마도 가까운 교회로 안내가 되었을 것입니다.

강의실에서 자면서 경험했던 전도의 시간은 좋은 추억으로 남아 있습니다. 우리는 그렇게 교회를 배워갔습니다. 그 기간은 주님이 얼마나 당신의 백성들을 찾고 싶어 하시는지, 또 그들이 주님과 함께 얼마나 행복하게 지내기를 원하시는지 배우는 시간이었습니다.

사로잡힌 네 민족에게로 가서 그들이 듣든지 아니 듣든지 그들에게 고하여 이르기를 주 여호와의 말씀이 이러하시다 하라 겔 3:11

이 일로 인해 실제로 방언이 우리에게 무슨 유익을 주는지를 질문하게 되었습니다. 방언은 우리 안에서 성령이 주체가 되시는 성령 내주의 현상이고 체험입니다. 오순절 마가의 다락방에서의 사건처럼은 아니겠지만 우리가 입으로 예수를 구주로 시인할 때 우리 안에 내주하시는 성령으로 말미암아 나타나는 은사라고 성경에 쓰여 있습니다. 은사는 우리가 주님을 더 잘 섬길 수 있도록 능력을 얻게 하는 성령의 기름부음의 사역입니다. 우리가 방언의 의미를 다 알 수는 없지만, 방언으로 덕을 세운다고 했습니다.

> 내가 만일 방언으로 기도하면 나의 영이 기도하거니와 나의 마음은 열매를 맺지 못하리라 그러면 어떻게 할까 내가 영으로 기도하고 또 마음으로 기도하며 내가 영으로 찬송하고 또 마음으로 찬송하리라
>
> 고전 14:14,15

방언을 하다보면 기도의 시간이 길어집니다. 제 경우에도 방언으로 기도하는 동안 말씀이 기억나고, 회개하고, 제게 주신 약속을 선포하고, 그 일들이 이루어지기를 소망하며 지치지 않고 기도할 수 있었습니다. 그러면서 방언은 점점 하나님의 말씀, 그러니까 성경의 내용으로 해석되기 시작했습니다. 하나님의 사랑과 용서, 자비와 긍휼, 경고와 심판 등으로 해석되면서 제가 무엇을 어떻게 행하며 살아야 하는가를 가르쳐주었습니다.

하나님의 백성은 하나님의 입에서 나오는 모든 말씀으로 삽니다 (신 8:3). 하나님의 입에서 나온 것은 말씀과 창세기의 숨, 그러니까 생령을 주신 성령이십니다. 즉 우리는 삼위일체의 하나님으로 인해 사는 것입니다.

또한 세상 소유의 많고 적음으로 살고자 했던 제 마음을 내려놓게 했던 것이 기도의 시간입니다. 그 시간에 오랜 시간 주님 앞에 머물 수 있도록 주어진 은사가 방언이었고, 저는 하나님의 마음이 무엇인지를 깨달아갔습니다. 그래서 방언기도는 개인의 믿음이 성장하는 데 좋은 도구가 됩니다.

내가 마게도냐를 지날 터이니 마게도냐를 지난 후에 너희에게 가서 혹 너희와 함께 머물며 겨울을 지낼 듯도 하니 이는 너희가 나를 내가 갈 곳으로 보내어주게 하려 함이라 이제는 지나는 길에 너희 보기를 원하지 아니하노니 이는 만일 주께서 허락하시면 얼마 동안 너희와 함께 머물기를 바람이라 내가 오순절까지 에베소에 머물려 함은 내게 광대하고 유효한 문이 열렸으나 대적하는 자가 많음이라

고전 16:5-9

바울이 미래의 계획을 말하는 대목입니다. 하나님의 일꾼들은 자신의 미래의 시간을 계획합니다. 그리고 목적도 분명합니다. 그것은 영혼 구원입니다. 거기에는 모든 주권을 하나님께 맡기는 내용이 들

어 있습니다. 본문에서 바울은 자신의 소망을 놓고 기도해줄 것을 부탁합니다. 그는 에베소에서 열린 복음 전파의 문을 기회로 잡아 구원의 소망을 이루는 일을 포기하지 않습니다. 마치 주님이 저를 포기하지 않으신 것처럼 말입니다.

제게 영혼 구원의 마음이 진정으로 들어온 것은 교회를 다닌 지 오랜 시간이 흐른 후의 일입니다. 그저 '하나님께서 원하시는 일이겠지' 하며 남들도 다 하는 일이니 나도 해야겠다는 마음으로 전도를 할 뿐이었던 제가 한 사람의 영혼을 진실한 마음으로 돌보기 시작한 것은 중독과 절망에 빠진 사람들을 만나면서부터였죠.

이전에는 전도지를 가지고 집집마다 돌아다니며 문이 열린 집이면 어김없이 들어가는 용기로 복음을 전하려 했지만 실제로 열매를 거두는 일은 적었습니다. 그런데 돌봄이 필요한 한 사람이 생명력을 얻고 스스로 일어설 수 있을 때까지 관심을 갖고 돌보는 일을 통해서 저를 향하신 하나님의 사랑을 더욱 깊이 깨닫고, 상대를 사랑하는 마음이 생기는 경험을 하게 되었습니다. 이런 경험은 저를 매우 겸손하게 만들었습니다.

진주에서 '중보기도학교' 강의가 적은 수의 모임으로 시작되었습니다. 저는 가지고 있는 모든 지식을 동원해서 힘껏 가르쳤고, 그중 순천에서 오신 분들이 다시 순천의 한 교회에서 스쿨을 열어주셨습니다. 이제 그들과는 8년 여를 함께해온 가족이 되었습니다. 복음의 광대하고 유효한 문이 열렸지만 대적하는 자도 많았는데, 대부분 제 미숙함으로 인함이었습니다. 뒤늦게 시작한 신학공부를 통해서도 많은 것을 깨달을 수 있었습니다.

그러나 언제나 주님이 원하시는 것은 제 주위에 있는 한 영혼이었음을 고백합니다. 한없는 사랑으로 저를 기다려주신 하나님께서 제가 기다려야 할 영혼을 위한 사랑을 부어주셨습니다. 그 주님의 십자가 사랑에 무한 감사를 드려봅니다.

지금은 진주와 순천, 대구, 경기도 광주와 서울에서 함께하는 가족들이 생겨났습니다. 그들 중에 이전의 삶에서 돌이켜 새로운 삶을 살아가는 분들도 많아졌습니다. 그들을 보며 거저 받는 은혜를 깊이 체험합니다. 저와 하나도 다를 바 없는 한 사람을 주님이 어떻게 변화시키시는지, 가장 감동적인 역사의 드라마를 보는 비밀한 기쁨이 함께합니다.

우리가 가지려는 부요와 성공, 건강과 복지, 번영보다 우리의 영적 상태의 강건함이 먼저라는 것을 알기 위해서는 얼마나 자신과 씨름해야 하는지 생각해봅니다. 우리의 씨름은 혈과 육의 것들이 아니라 세상의 주관자들과 하늘의 악한 영들에 대함입니다.

우리의 씨름은 혈과 육을 상대하는 것이 아니요 통치자들과 권세들과 이 어둠의 세상 주관자들과 하늘에 있는 악의 영들을 상대함이라

엡 6:12

각 사람마다 기도하는 스타일이 다 다릅니다. 다른 책에도 소개가 되어 있고 제가 앞서 쓴 책에도 나와 있는 내용이지만, 이러한 유형의 차이로 인해서 서로를 이해할 수 없는 경우가 생겨나기도 합니다.

개인 중보기도자, 영혼 중보기도자, 사회문제 중보기도자, 재정 중보기도자, 위기 중보기도자, 예배 중보기도자, 소수집단과 이스라엘 중보기도자, 영적전투 중보기도자, 자비 중보기도자, 정부 중보기도자, 예언 중보기도자 등 그 유형은 매우 다양합니다.

이중 소그룹 기도모임에서 서로가 이해하기 어려운 유형 몇 가지를 말하자면, 먼저 사회문제 중보기도자를 말할 수 있습니다. 이 유형의 기도자는 자신의 기도제목을 가장 우선에 놓기 때문에 다른 기도자들이 공감을 해주지 않으면 마음으로 섭섭해하거나 힘들어합니다. 그리고 다른 기도자들이 함께 기도해주지 않는 것으로 인해 비판하거나 판단하는 오류를 일으키기도 합니다. 사회적인 이슈가 되는 기도를 하기에 스스로 우쭐한 모습을 나타내기도 합니다. 그렇지만 이들이 없으면 사회적인 문제, 즉 청소년 문제, 낙태, 여성 인권, 노인복지 등의 다양한 문제들을 놓고 기도함으로 그리스도인들이 사회 안에서 거룩한 영향력을 가지고 사회를 변화시키는 역동성의 동기를 부여받기가 어려워질 수 있습니다.

술을 마시다가 법을 잊어버리고 모든 곤고한 자들의 송사를 굽게 할까 두려우니라 독주는 죽게 된 자에게, 포도주는 마음에 근심하는 자에게 줄지어다 그는 마시고 자기의 빈궁한 것을 잊어버리겠고 다시 자기의 고통을 기억하지 아니하리라 너는 말 못하는 자와 모든 고독한 자의 송사를 위하여 입을 열지니라 너는 입을 열어 공의로 재판하여 곤고한 자와 궁핍한 자를 신원할지니라 잠 31:5-9

다음으로 위기 중보기도자나 영적전투 중보기도자를 말할 수 있는데, 이들은 모든 상황을 위기로 보거나 전쟁의 상황으로 보려는 경향이 있습니다. 하나님께서는 위경(危境) 중에 말씀을 보내주셔서 이들에게 중보기도를 하게 하십니다. 그럼에도 불구하고 자신의 생각과 감정을 다스리기 어려워지면 그 감정 가운데 사로잡혀서 대상을 위해 중보기도하는 것보다 상황에 대한 위기감을 조성시킨다거나 전투적인 분위기를 조성할 수 있습니다. 그러나 이들은 악한 영의 역사를 진리의 말씀과 그리스도의 이름의 권세로 물리치고 승리하게 하는 기도를 뒷받침하기에 없어서는 안 될 분들입니다.

다음으로는 자비 중보기도자를 들 수 있는데, 이들은 함께 기도할 때 눈물을 흘리며 기도하는 이들을 말합니다. 그러나 자신 안의 설움으로 인해 우는 경우도 종종 있어서 다른 지체들의 기도를 방해하기도 합니다. 이들은 병원 심방 사역의 동행으로는 1순위의 분들입니다. 이들로 인해서 힘을 얻는 분들이 많다는 것은 이미 검증된 사실입니다.

다음으로는 예언 중보기도자들입니다. 우리나라는 무속신앙의 뿌리를 갖고 있기 때문에 예언이라는 단어부터 제자리를 잡아야 합니다. 예언은 그리스도인들이 하나님 말씀의 방향을 따라 길을 걸어갈 수 있도록 위로하고 권면하고 안위하는 것입니다. 많은 분들이 장래일을 알고 싶어서 예언 기도라는 것을 받으러 다니시는 것을 보았습니다. 그러나 이러한 그리스도인의 행위는 '예수 점쟁이'와 같은 사람들을 양산해 낼 위험성이 있습니다. 어떤 대가를 받고 기도를 해주면 그 대가에 충분한 것으로 보답해야 하기 때문에 자신의 느낌이나 감정을 중요시하게 되고 하나님의 말씀이 가리키는 방향에 대한 분별을 놓치게 됩니다.

예언을 하는 사람은 교회의 덕을 세우는 자들입니다. 그들은 지체들을 세우는 일에 사용되며, 생명의 길 되신 예수님의 말씀의 방향을 가리켜 지체들이 그 길로 갈 수 있도록 위로하고 권면하고 안위하는 역할을 담당하는 사람들입니다.

또 한 부류는 영혼 중보기도자들입니다. 저는 영혼에 대한 사랑이 별로 없어서인지 이 기도는 한참 훗날에야 시작했습니다. 이 기도는 십자가의 대속적인 죽음에 대한 감사가 넘치고, 나를 생명 가운데로 인도하신 주님의 은혜에 보답하고 싶은 마음이 불일 듯 일어나 다른 영혼들의 구원을 위해 열정적으로 드리는 기도를 말합니다.

영혼구원과 영적전쟁, 중보기도는 예수님을 믿고 구원을 받은 사람이면 누구나 할 수 있고, 또한 누구나 해야 하는 것입니다. 하나님께서는 이 일을 위해 우리를 하나님의 군대로 모이게 하셨습니다. 구원의 은혜에 보답하는 길은 다른 영혼을 구원의 길로 인도하는 통로의 역할을 감당하는 것이라고 생각합니다.

그러나 이러한 유형도 오류를 일으킬 수 있는데, 한 영혼이 구원을 받기까지의 시간이 오래 걸리면 포기해버리거나 도움을 주지 않는 주위 사람들을 원망하는 경우입니다. 그러나 복음의 비밀을 담대히 전하는 것은 그리스도인들의 사명이자 영광이라는 것을 잊어서는 안 될 것입니다. 이처럼 다른 사람의 영혼을 위해 중보기도를 할 수 있으려면 깊은 기도 가운데 자신의 내면을 성찰할 수 있어야 하지 않을까 생각합니다.

"주님! 우리의 삶이 전도하는 삶이 될 수 있도록 도와주세요."

요즘은 교회에서 전도 사역을 다양하게 펼칩니다. 저희 교회에도 여러 가지의 프로그램이 있습니다. 많은 분들이 구원의 은혜에 감격해서 주위의 믿지 않는 분들을 위해 힘닿는 대로 복음을 전파합니다.

바쁜 일상을 살아가는 직업을 가지신 분들을 위해 교회에서 잔치를 마련하고, 모처럼만에 여유 있게 다른 사람들의 섬김을 받고, 하나님의 말씀을 접할 수 있는 전도 프로그램으로 많은 분들이 예수님을 영접하는 것을 보아왔습니다. 교인들이 총동원되는 큰 사역이지만 하나님께서 그 분들 중 꼭 찾고자 하는 분들이 있는 것을 보고는 주님이 가장 좋아하시는 사역이라는 것을 체험했습니다.

구원을 요청하는 것은 긴 시간의 싸움이지만, 믿지 않는 분들의 이름을 목록으로 만들어 기도할 때마다 우리의 기도를 멸시치 않으시는 하나님께서 꼭 응답하실 것을 믿습니다. 그래서 우리에게 기도할 마음을 주시는 것이 아닐까요?

또한 믿음의 본이 되는 삶을 사는 것은 더 중요합니다. 누군가 나를 보며 "예수님을 믿는 것이 참으로 좋은 것이구나!"라고 생각한다면 나를 통해서 주님이 일하실 것은 당연합니다.

교회에 다닌다고 해서 모두 거듭났다고는 장담할 수 없지만 그들도 주위의 연약한 사람들을 돌보고 섬기는 일들을 하다 보면 언젠가는 위로부터 나는 '거듭난 자', 확실한 구원의 믿음을 가지고 다른 사람들을 위한 통로로 살아가게 될 것입니다. 그러므로 순례를 마칠 때까지 주위의 믿지 않는 가족들, 이웃들, 열방을 위해 기도하는 것은 우리의 부르심이 분명합니다.

주님!
어느 때라도 세상을 이기게 하시는 주님을
잘 따라가는 당신의 제자로 살게 해주세요.

두세 사람이 모인 곳에

: 합심기도의 시작

어떤 일이든 시작이 중요하고 기억에 남습니다. 제 신앙생활의 시작인 인천에 있을 때 우리는 철마산에 있는 한 기도원으로 자주 기도하러 갔었습니다. 그때 저는 처음으로 경험하는 것이 많아서 무조건 교회 집사님들을 따라하려고 했습니다. 매장으로 날마다 출근을 했기 때문에 주일은 온전히 교회에서 지내고 싶어서 1부 예배부터 오후 늦게까지 교회에 있을 때가 많았습니다. 그럴 때는 저녁예배 전에 삼겹살과 상추를 사들고 가까운 철마산으로 가서 돗자리를 펴고 이른 저녁을 먹고 내려왔습니다.

날이 쌀쌀해지기 시작하면 철마산의 기도원을 찾아갔는데, 집사님들을 좇아 그곳에 가서 예배를 드리곤 했습니다. 그곳에서 여러 교회의 지체들과 함께 기도하는 것을 배울 수 있었고, 지체들 속에서 기도하면서 하나님께 집중하는 훈련을 받았습니다.

겨울이 되자 기도원에 가는 일이 뜸해지고 몇몇 친한 집사님들의 가정에서 모이기 시작했죠. 두런두런 이야기를 하다보면 밤이 깊어 갔고, 밤이 깊으면 각자 짐을 챙겨서 예배당으로 모여 철야기도를 했습니다.

그때만 해도 저는 성경 속의 이야기들을 삶과 연결할 수 없어서 그 모습이 사도행전에 나오는 초대교회의 모습이라는 것도 알지 못했습니다. 그렇게 보낸 시간들이 제게 얼마나 은혜가 되는 시간이었는지, 이웃을 통해 얼마나 많은 하나님의 사랑을 받았는지, 모이기에 힘쓰고 떡을 떼며 함께 사는 것이 얼마나 행복한 일인지를 후에 깨닫고서야 진심으로 감사하게 되었습니다.

지금도 많은 신자들이 주님의 오심을 기다립니다. 우리도 그랬습니다. 성경 말씀 중에 유독 주님이 오시는 것을 더 갈망하며 기다리는 이유는 무엇일까요? 아마 힘든 세상에서 살아가는 나그네 된 우리가 결국 가고 싶은 곳이 천국, 하나님의 나라이기 때문이라고 생각됩니다.

그래서 우리는 더욱 열심히 현재의 시간들을 살아내야 합니다. 어느 날 주님의 얼굴을 마주하게 될 때, 그분이 우리를 반기시는 얼굴을 보고자 한다면 말입니다. 오늘의 삶에서 주님이 인도하시는 바른 길을 가는 기쁨만이 아니라 충실하게 살아가는 현재의 시간들이 이어져 맛보게 될 순례 끝의 기쁨도 누릴 수 있을 것입니다.

이러므로 너희는 장차 올 이 모든 일을 능히 피하고 인자 앞에 서도
록 항상 기도하며 깨어 있으라 하시니라 눅 21:36

제게 끝없이 기회를 주시는 주님은 지쳐 힘이 들 때 피할 길을 내
어주시느라 저를 철마산의 기도원으로 인도하셨습니다. 그곳은 무
척이나 이성적이었던 제가 새로운 세계를 접할 수 있는 기회였고, 제
이성을 뛰어 넘어 새로운 하나님의 나라를 볼 수 있는 전환의 시간이
었습니다.

그럼에도 제 이성이 신비하고 초월적인 하나님의 세계와 능력을
인정하기까지는 오랜 시간이 걸렸습니다. 아직도 가면 갈수록 새로
워지는 주님의 세계는 말씀의 비밀한 가운데 남아 있습니다. 그 비밀
은 예수 그리스도이시지만, 그 깊이와 넓이와 높이만큼의 장성한 분
량에까지 자라나려면 열심히 말씀대로 살아야 하지 않을까 생각합
니다. 그 목적은 오직 복음의 비밀을 담대히 전하는 것입니다.

그 너비와 길이와 높이와 깊이가 어떠함을 깨달아 하나님의 모든 충
만하신 것으로 너희에게 충만하게 하시기를 구하노라 엡 3:19

또 나를 위하여 구할 것은 내게 말씀을 주사 나로 입을 열어 복음의
비밀을 담대히 알리게 하옵소서 할 것이니 엡 6:19

서울로 이사를 온 후에는 교회에서 소그룹을 형성했습니다. 함께 기도했던 좋은 기억들이 많아서인지 소그룹을 인도하게 된 것이 감사할 따름이었죠. 오랫동안 함께 기도해온 우리는 그 안에서 많은 관계 훈련을 받았습니다. 합심기도는 말 그대로 마음을 하나로 모아 드리는 기도입니다. 처음 시작할 때도 우리는 한 마음이었고 지금도 그렇지만 그 깊이는 달라졌습니다. 이제는 기도하는 시간을 전심으로 사모하게 되어서 별다른 말을 하지 않아도 주님의 마음을 품고 시간을 지키게 되었고, 그 시간에 부으시는 성령의 충만한 역사는 우리의 삶을 힘 있게 해주는 원동력이 되었습니다.

우리나라는 기도에 대한 열정이 어느 나라 못지않게 강한 나라입니다. 성실한 민족성을 가진 우리나라는 경배의 대상을 향해 치성을 드리는 마음들을 공통적으로 소유했다고 해도 과언이 아닐 것입니다. 교회의 성장이 놀랍게 이루어진 현대에 들어와서는 편안한 건물과 시설에서 강의 위주의 신앙생활을 하게 되면서 강의 내용이 자신의 신앙이라고 믿는 속임에 빠지고 있는 형편입니다. 기도하고 말씀보는 일이 노동과 같이 어려운 일이라고 생각하는 신자들도 많아졌습니다. 그래서인지 교회 안에서도 통성기도와 같은 합심기도는 점점 사라지는 안타까운 현상들이 보입니다.

성경에도 합심기도가 소개되어 있습니다. 물론 침묵기도도 해야 합니다. 어느 것이 옳으냐의 문제가 아니라, 어떤 방법을 선택하든

기도를 쉬지 말아야 한다는 것이 중요합니다. 기도의 방법이 이렇게 다양하고 복잡한 이유는 우리의 삶이 그만큼 복잡하기 때문입니다.

합심기도는 마음을 합하는 기도입니다. 입술의 기도가 아니라 마음의 기도라는 것입니다. 입으로 언어를 맞춰서 하는 기도는 기술을 배우면 누구든지 할 수 있습니다. 그러나 기도제목에 대한 마음을 하나로, 하나님의 응답에 대한 열망을 하나로 모으기 위해서는 각자가 미리 개인기도로 준비해야 합니다. 그렇지 않다면 우리의 합심기도는 능력을 잃어버리게 될 것입니다.

교회에서 예배할 때 합심기도를 인도하시는 목사님을 따라 기도해야 하는 것이 어려운 분들도 많습니다. 그러나 이러한 기도의 훈련이 없으면 다양한 기도를 접해볼 수 없고, 제한된 기도로만 하나님을 만나게 되기에 오히려 영적인 손해를 볼 수 있습니다.

제가 소그룹을 시작한 때는 1999년이었습니다. 그때는 어떻게 기도해야 하는지 알 수 없었지만 함께 기도할 수 있는 방법이 합심기도였기 때문에 그렇게 시작했습니다. 나중에는 그 기도로 얼마나 큰 힘을 얻게 되었는지 모릅니다.

진실로 다시 너희에게 이르노니 너희 중의 두 사람이 땅에서 합심하여 무엇이든지 구하면 하늘에 계신 내 아버지께서 그들을 위하여 이루게 하시리라 두세 사람이 내 이름으로 모인 곳에는 나도 그들 중에 있느니라 마 18:19,20

다양한 기도의 방법은 어떻게 하든지 하나님을 깊이 체험하는 것에 목적을 둡니다. 그리고 그렇게 하나님을 체험한 사람은 그리스도의 형상을 닮아가길 원하게 됩니다. 우리는 성령의 인도하심으로 그리스도를 닮아갑니다. 그러므로 하나님의 영광을 드러내는 것은 우리의 능력이 아니라 우리 안의 그리스도의 능력으로 되는 것임을 기억해야 합니다.

주님을 따라가는 길에서 고난과 역경을 만난다 해도 주님이 함께하시면 그것이 고난인지 역경인지도 모른 채 살아가기도 합니다. 그렇게 열심히 살다보면 어느 새 그 길을 지나왔음을 발견할 것입니다.

한 사람이면 패하겠거니와 두 사람이면 맞설 수 있나니 세 겹 줄은 쉽게 끊어지지 아니하느니라 전 4:12

유대법에서는 두 사람 이상이 동의하는 증거만이 인정을 받습니다. 하나님 앞에서도 마찬가지입니다. 혼자서 오래 기도하는 것도 좋지만, 그러면 자신을 점검할 수 있는 기회가 별로 없게 됩니다. 저도 혼자 오래 기도했지만 말씀을 자의적으로 해석할 때가 많았고, 현상을 중심으로 생각할 때도 많았습니다. 유교적인 교육의 영향으로 다른 사람들에게 질문을 하는 것조차 자신의 무식함을 드러내는 것 같고 상대를 당황하게 하는 것 같아 묻지도 못하고 답답해했죠. 그러면서 실수와 실패를 통해서 배웠던 기억이 있습니다.

하지만 팀과 함께하고부터는 되도록 모든 것을 나누고, 질문하고, 변론하고, 가장 유익하다고 생각하는 결론을 서로가 행할 수 있도록 격려하고, 열매를 볼 때까지 기다리는 일이 계속되었습니다. 그러면서 우리는 정직해졌고, 부풀려진 영적 거품들이 사라져갔습니다. 수치를 드러내는 일과 잘못된 것을 회개하는 일을 부끄러워하기보다는 드러내고, 고치고, 회복하는 것을 더 기쁘게 여기게 되었죠. 이해되지 않는 시간들이 있다 할지라도 모두가 동병상련의 마음으로 주님의 긍휼하심을 받아 서로를 불쌍히 여기는 마음을 가지며 그 가운데 주님과 더 깊은 관계를 배우게 된 것입니다.

뒤를 돌아보면 은혜뿐입니다. 함께 가는 길은 주님도 계시고, 동무도 있어서 정말 행복합니다.

"주님! 어느 때라도 세상을 이기게 하시는
주님을 잘 따라가는 당신의 제자로 살게 해주세요."

다른 사람을 위해 기도하는 것은 익숙한 일이 아닙니다. 함께 기도하는 것에 대해 마음에 열정을 갖고 기대한다면 기도하시는 분들과의 만남을 주실 것입니다. 그리고 교회 안에서 함께 기도할 수 있는 소그룹이 형성된다면 그 공동체에서는 많은 훈련들이 시작될 것입니다.

첫째, 다른 사람들의 생각, 감정, 습관들과 부딪히며 다른 사람들과 잘 섞일 수 있는 훈련을 주십니다. 왜냐하면 복음전파는 말로 하는 것이 아니라 주님의 마음으로 품는 것이기 때문입니다. 우리의 마음은 다른 사람들과 부딪힐 때 넓혀질 수 있습니다.

둘째, 다른 사람들의 기도 방법을 총동원할 수 있습니다. 나만의 방법을 고집하기보다는 다른 사람들의 기도 방법을 접하고, 서로에게 유익이 될 수 있는 방법으로 기도할 수 있습니다. 또한 자신의 기도 방법이 너무 독특한 것이라면 공동체 안에서 교정받을 수 있는 유익이 있습니다. 자기중심적인 사람들은 보통 다른 사람들의 말을 잘 듣지 않습니다. 소그룹에서 그런 사람이 되지 않도록 유의해야 합니다.

셋째, 합심기도는 힘이 있습니다. 혼자서 하는 기도보다는 함께 하는 기도를 통해 힘을 받을 수 있다는 것을 경험한다면, 소그룹에서 하는 합심기도를 통해 기도의 훈련을 쌓아갈 수 있습니다. 주님의 말씀을 붙들고 두세 사람이 모여서 기도하는 곳에는 주님의 역사하심이 분명히 나타납니다. 사탄은 우리가 합심해서 기도하는 것을 싫어하기에 방해가 있습니다. 그래서 기도의 자리는 의지의 자리입니다. 건강한 기도팀을 교회에 형성해서 기도의 모범이 되어 봅시다!

주님!
주님의 나라에 이르기까지
신나게 말씀을 따라가 보겠습니다!

한 주에 하루 모여서

: 중보기도 사역의 시작

모든 것이 안정이 될 즈음 저는 교회에서 제안을 받았습니다. 공동체를 맡고 계신 목사님께서 여자들이 낮에 모이는 순을 좀 해보지 않겠느냐고 제안하셨죠. 제가 교회에 어떤 도움이 될지는 알 수 없지만 함께 모여서 기도하고 깨달은 말씀을 나누는 일은 생각만 해도 좋았습니다.

목사님께서 순을 함께할 자매들을 소개시켜 주셨습니다. 두 명이었는데, 한 명은 시간이 안 된다고 해서 한 명만 나와 있었습니다. 낯설고 어려운 마음이 있었지만 적극적인 자매 덕분에 속히 어려움은 사라졌습니다. 그렇게 순을 시작한 지 얼마 되지 않아서 순 식구들은 늘어나기 시작했죠.

처음에 함께했던 자매에게는 전도하는 은사가 있었습니다. 그 자매가 같은 동네 엄마들을 모으기 시작했습니다. 석 달이 지나자 순원은 15명이 넘어갔습니다. 예배를 드려야 하는데 장소가 좁아지기 시작했습니다. 다행히도 한 자매가 집을 계속 오픈해주어서 우리는 모이기에 힘쓰고 떡을 떼며 행복한 시간들을 보냈습니다.

6개월이 되어갈 즈음 우리는 순을 나누지 않으면 안 되게 되었습니다. 모두가 섭섭했지만 분순이라는 것을 했습니다. 분순과 동시에 계속해서 순을 맡게 되었고, 처음의 순과는 달리 새로운 순원이 들어오면서 우리는 교회의 한 몸 된 지체가 되어가고 있었죠.

얼마 후에 저는 여성사역에서 제안을 받아 매주 화요일에 모이는 중보기도팀의 담당 리더로 세워졌습니다. 초기에 우리가 한 일은 말씀묵상을 통해 삶을 나누고, 리더가 준비해온 교회의 기도제목을 함께 기도하는 정도였습니다.

2년 후, 교회에서는 기드온의 300용사와 같이 중보기도의 용사를 세워서 릴레이기도를 하는 새로운 사역을 열었습니다. 기도에 대한 세미나가 진행되었고, 사랑의교회 안성수양관으로 버스 일곱 대가 줄줄이 들어섰습니다. 저는 거기서 처음으로 기도에 대해 배울 수 있었습니다. 새롭게 접하는 기도에 대한 지식들은 제 마음을 뜨겁게 달구었습니다. 이제껏 아무도 가르쳐주지 않았던 잘못된 기도의 자세라든지, 교회에 대한 생각이라든지, 목회자나 다른 지체들과 동역할 때의 마음에 대해서 자세히 가르쳐주었습니다. 그리고 기도할 때의 마음가짐이나 주위 환경으로부터 받은 잘못된 영향력이 기도에 얼마나 많은 영향을 주는지에 대해서도 배웠습니다. 그 훈련은 제게서 많은 부분들을 교정해주었습니다.

강의를 들으면서 제가 생각하는 저와 다른 사람이 생각하는 제 모습이 큰 차이점을 보일 때는 어떻게 돌이키고 전환할 수 있는지 궁금해졌습니다. 저는 이것을 놓고 끈기 있게 하나님께 질문했습니다. 그럼에도 제 안에 있는 거의 모든 것들을 바꿔야 한다는 것을 인정하기까지는 정말 오랜 시간이 걸렸습니다. 이렇게 되기까지 계속 반복된 작업은 진리와의 충돌이었습니다. 주님의 말씀에 입술로는 "예, 예" 하면서도 행동과 태도, 제 인격은 쉽게 변하지 않았습니다.

그렇게 제 마음도 몰랐기 때문에 제 입술에서 나오는 말을 더 믿으려고 했는지도 모릅니다. 양심에 걸리는 일들이 있으면 저는 주께만 말하고서는 해결을 보았다고 결론짓고 치워버렸죠. 그러나 나 자신과도, 주님과도, 지체들과도 해결된 것이 없어서인지 동일한 사건들에서 계속 걸림이 일어났습니다.

'제가 용서를 구하고 회개했는데 왜 자꾸 저를 괴롭히십니까? 제가 이렇게까지 했으면 저들도 좀 변하는 것이 있어야 하지 않겠습니까? 왜 저만 이런 일들을 해야 하는지 모르겠습니다.'

'다른 지체들에 대해 판단하려고 하지 마라. 그들 또한 나와 만나는 것이니 너는 나와 먼저 해결하자. 그 일이 왜 네 양심에 걸렸는지를 생각해보아라. 너의 욕심은 전혀 없었는지, 너의 오해는 없었는지, 너만의 생각은 아닌지, 두려움 때문은 아닌지….'

말씀을 읽을 때마다 주님은 제 삶에 깊이 간섭하셨습니다. 때로는 그런 기도의 시간을 피하고 싶었지만 기도의 자리를 피할 수 없었던 이유는 삶이 정말 고달팠기 때문입니다. 뒤를 돌아보면 기도의 자리를 떠나지 않게 해주신 것이 얼마나 감사한지요!

기도팀은 교회의 여러 가지 사역을 경험하게 되었습니다. 그중에서도 교회에 없었던 금요철야기도 모임을 시작한 일은 잊을 수 없는 추억들을 만들어주었습니다. 꼬박 1년을 헌신했는데 금요일 밤마다 천 명이 넘는 분들이 모여서 기도하는 것은 꿈같은 일이었고, 기도팀들도 열심히 함께해주었습니다. 주님과 밤이 새도록 씨름했던 기도의 결과는 지금의 제가 되고, 공동체가 되고, 교회의 사역들이 되었습니다.

이때에 예수께서 기도하시러 산으로 가사 밤이 새도록 하나님께 기도하시고 눅 6:12

저는 주님 안에서 참된 평안을 누렸고, 공동체는 연합의 기쁨을 더해갔으며, 교회 안에서 뿐만 아니라 교회 밖에서의 사역도 부흥하기 시작했습니다. 사람들은 결과를 보고 평가하는 것이 당연하지만 저와 함께한 소그룹 공동체는 과정의 경험을 더 소중히 여기게 되었습니다. 하나로 연합된 기도팀의 기도는 너무나 역동적이어서 응답도 많이 받았지만 서로가 힘을 얻어가며 기도할 수 있는 성령충만의 기름부으심이 일어났습니다. 우리는 주님과 함께 기뻐하는 것이 우리의 능력임을 체험하게 되었습니다.

교회에서의 기도 시간을 마라톤에 비교한다면 함께하는 소그룹의 기도는 그보다 더 긴 시간의 마라톤 계주라고 말하고 싶습니다. 그렇기에 지치지 않도록 몸을 튼튼하게 만들고, 팀들 간에 마음이 맞아야 하고, 서로를 아끼고 사랑하지 않으면 끝까지 갈 수 없는 팀워크가 필요한 곳입니다. 교회는 이런 엔진이 있어야 움직입니다. 보이지 않는 곳에서 함께 힘을 합쳐 커다란 배를 움직이는 동력이 생겨나는 곳, 말씀으로 하나 된 그리스도의 지체들이 강건할수록 배는 더 멋진 곳으로 항해할 수 있습니다.

저는 지금도 지방의 곳곳에서 교회의 건강한 중보기도자들을 세우고자 노력하고 있습니다. 여러 곳을 다니면서 저는 기도에 대한 열정과 소망을 가지신 분들이 정말 많다는 것을 알게 되었죠. 또한 각자의 교회를 위해서 소그룹을 형성하고, 나라와 민족을 위해서, 북한 땅과 열방을 위해서 주께 받은 은혜를 쏟고 싶어 하는 기도가 얼마나 오랫동안 준비되어왔는지를 볼 수 있었습니다.

교회를 위한 중보기도는 우리가 교회의 지체됨을 명확하게 해줍니다. 시간이 어느 정도 지나면 교회 안에는 삼삼오오 모이는 소그룹들이 형성되기 마련입니다. 적게는 한 곳, 많게는 서너 곳에서 섬김과 헌신이 일어납니다. 교회는 생명체이기 때문에 자라나고, 성숙하며, 번성하고, 또는 퇴행하기도 합니다. 그런데 소그룹이 주님의 말씀으로 인도를 받지 않는다면, 스스로 길을 찾다가 어느 곳으로 가야 할지 모르는 상황에 처하게 됩니다. 그래서 교회는 각 소그룹이 말씀의 길을 잘 따라갈 수 있도록 훈련시키고 양육하는 일을 담당합니다. 그들이 자신의 은사를 따라 사역하고, 교육하고, 섬길 수 있는 장을 열어주는 것입니다.

교회 안의 많은 사역 중 하나로 소그룹 중보기도 사역을 담당하는 기도팀들은 꼭 보호막이 되어주실 목사님께 소속되어야 합니다. 아무리 기도를 잘하는 분일지라도 권위자에게 검증을 받아야 건강한 사역자로 오래 일할 수 있습니다. 또한 지체들에게도 인정을 받을 수 있도록 개인과 공동체의 삶 속에서 거룩을 유지해야 합니다.

기도팀에서는 주님의 역사를 자주 경험하게 됩니다. 항상 기도에 힘쓰는 분들이 모이기 때문에 열정 또한 남들 못지 않습니다. 은사도 나타나고 성령님의 많은 역사도 일어납니다. 이러한 일들이 분별이 되지 않은 채 사용된다면 그것은 소속 공동체의 장이나 담당목회자의 책임이 됩니다. 그러므로 은사와 그밖에 구분이 어렵거나 분별이 되지 않는 것에 대해서는 담당목회자와 충분히 논의해야 하고, 그 외에도 항상 사역의 전반적인 것들을 논의할 수 있어야 합니다. 그래야 자신이 소속되어 있는 공동체 안에서 건강하게 자라날 수 있습니다.

4~7명 정도의 소그룹을 형성한 기도팀들은 교회에서 릴레이기도나 주중 중보기도팀으로 활약할 수 있습니다. 교회의 사역, 담임목사

님에 대한 중보기도, 교회의 리더십들을 위한 기도 등 여러 가지 기도제목을 가지고 함께 기도할 수 있게 됩니다.

기도제목은 지속적으로 기도해야 하는 것과 변화하는 기도제목을 구분해서 관리해야 하고, 기도에 헌신하기 위한 양육과 훈련 프로그램을 병행하는 것이 더욱 유익합니다. 정한 기간 동안 헌신자들을 모으고 함께 훈련하는 시간을 통해서 주님이 부르신 자리가 중보기도의 자리라는 것을 확인한 신자들은 다음 기수들이 세워질 때까지 그 시간을 헌신하는 것입니다. 교회에 이런 기도팀들이 형성되면 보이지 않지만 교회를 든든히 세우는 힘이 됩니다.

> 만일 한 지체가 고통을 받으면 모든 지체가 함께 고통을 받고 한 지체가 영광을 얻으면 모든 지체가 함께 즐거워하느니라 고전 12:26

기도가 있다는 것은 하나님의 생명력이 지속된다는 것입니다. 그 생명력의 원천은 주님의 말씀을 붙드는 데 있습니다. 건강한 중보기도자는 자신의 생각을 개입시키지 않고 주님의 마음을 가지고자 하루하루를 말씀을 따라가는 자들입니다.

**"주님! 주님의 나라에 이르기까지
신나게 말씀을 따라가 보겠습니다!"**

교회에서 릴레이기도를 하는 곳이 많아졌습니다. 주중 중보기도, 예배 중보기도, 사역 중보기도 등을 교회에 따라 여러 가지 형태로 기도할 수 있게 배치합니다. 저는 이렇게 기도할 때 사역의 열매가 많고 적음을 보는 것보다 기도의 훈련과 한마음이 된 기도가 더 중요하다고 도전을 드리고 싶습니다.

개인기도를 열심히 하시는 분들이 모인 기도팀들은 자신의 기도 제목이 아니라 진정으로 교회를 위한 기도를 소화해낼 수 있습니다. 어떻게 보면 중보기도는 주님에 대한 철저한 헌신을 요구하는 작업일 수 있습니다. 그래서 기도에는 훈련이 필요합니다. 훈련에는 이런 유익이 있습니다.

첫째, 자기중심적인 생각에서 다른 사람들을 위해 배려할 수 있게 됩니다. 소그룹에서 자신의 문제나 기도제목을 나눌 수도 있지만 다른 사람들의 중보기도를 얻으려면 그 분들과의 친밀함에 대한 의지와 실제의 만남이 전제되어야 합니다. 친하면 친할수록 마음을 쏟을 수 있기 때문입니다.

둘째, 인도자의 말에 순종하게 됩니다. 자신의 판단이 옳다고 생각하는 사람들은 겉으로는 순종하는 것처럼 보이지만 실제로는 소그룹에서 분리의 주체가 되는 경우가 많습니다. 인도자는 완벽하지 않습니다. 서로 순기능적으로 마음을 나눌 수 있는 소그룹을 형성하는 것은 인도자만의 역할이 아닙니다.

마지막으로, 개인기도와 개인묵상을 먼저 하고 참석합니다. 기도훈련의 목적은 주님의 말씀을 따라가는 것입니다. 소그룹이 말씀을 따라 신나게 행진하려면 각 그룹원이 힘이 있어야 합니다. 그 힘의 원천은 말씀과 기도입니다. 이렇게 준비된 기도팀은 세상이 감당할 수 없게 됩니다.

주님!
가정과 교회와 이웃, 나라와 민족과 열방을
기도로 품겠습니다.

관계 안에서

: 씨름하는 기도

창세기 32장의 야곱의 씨름은 우리가 잘 알고 있는 내용입니다. 이 씨름의 끝에는 잘 이해되지 않는 "하나님과 겨루어 이겼다"라는 말씀이 기록되어 있습니다. 우리의 자아는 우리 자신도 잘 알 수 없는 것들을 갖고 있습니다. "열 길 물속은 알아도 한 길 사람 속은 알수 없다"라는 우리나라 속담처럼 사람의 무의식 가운데 있는 것들을다 보기는 어렵습니다.

자아의 깊은 곳에는 죄성인 본성, 즉 정욕적이고 이기적인 것들이 있고, 하나님 앞에서 해결되지 않은 자아의 본성은 삶에 그대로 작용합니다. 기도하면서도 뇌물을 주고받거나, 거짓을 말하거나, 다른 사람들을 무시하며 외면합니다.

이러한 것들을 해결하기 위해서 하나님은 야곱의 자만심과 씨름을 시작하셨습니다. 유대인의 관습에서 말하는 씨름은 격투에 가깝습니다. 이 격투는 힘겨루기이고, 어느 한쪽이 항복을 하기 전까지는 끝나지 않습니다. 우리가 이해되지 않는 고난 가운데 하나님 앞에 나갈 때는 우리의 자만을 그대로 가지고 가는 경우가 있습니다. 그러면 하나님께서는 우리의 문제를 해결하시는 것보다 우리의 자만과 정욕, 이기심과 먼저 싸우시려는 것을 경험합니다.

야곱이 이겼다고 여겨주시는 하나님께서 정말로 야곱에게 지셨을까요? 만일 축복을 선언하시기 전에는 하나님을 놓아드리지 않겠다며 버티고 있는 상황에서 하나님께서 제게 이겼다고 말씀하신다면, 저는 아마도 제가 '축복을 받을 만한 상태가 된 것이 아닐까' 하는 생각이 들 것 같습니다. 그만큼 하나님에 대해서 궁금하기보다 제 상황이 더 중요하기 때문일 것입니다.

야곱은 홀로 남았더니 어떤 사람이 날이 새도록 야곱과 씨름하다가 자기가 야곱을 이기지 못함을 보고 그가 야곱의 허벅지 관절을 치매 야곱의 허벅지 관절이 그 사람과 씨름할 때에 어긋났더라 그가 이르되 날이 새려하니 나로 가게 하라 야곱이 이르되 당신이 내게 축복하지 아니하면 가게 하지 아니하겠나이다 그 사람이 그에게 이르되 네 이름이 무엇이냐 그가 이르되 야곱이니이다 그가 이르되 네 이름을 다시는 야곱이라 부를 것이 아니요 이스라엘이라 부를 것이니 이는 네가 하나님과 및 사람들과 겨루어 이겼음이니라 창 32:24-28

우리의 마음 깊은 속에 있는 자만과 정욕과 이기심을 아셨기에 하나님은 기꺼이 우리와의 싸움(?)을 우리 자신과의 싸움으로 인도하시고, 하나님의 축복을 받을 만한 사람으로 만들어가시는 것을 깨닫게 될 것입니다. 그러면 우리의 공로는 아무것도 없고 오직 하나님의 은혜만 남게 됩니다. 이러한 것들이 잘 처리되기까지는 주위 지체들과의 관계훈련을 혹독하리만큼 치르기도 합니다.

제가 팀들과 겪은 일들을 읽으시면 리더가 그렇게까지 해야 하는가 생각하실 수도 있습니다. 하지만 팀들에게 오랜 시간동안 신뢰를 받기 위해서는 제 연약함을 드러내기도 해야 했습니다. 또한 하나님의 주권적인 일들에 대한 각자의 깨달음의 시간도 필요했기에 각 개인에게서 진리와의 충돌이 일어날 때는 먼저 리더와 부딪힌다는 것도 알게 되었습니다. 제 모습을 교정하신 것처럼 팀원들이 속히 달려갈 수 있도록 변론하고 논쟁하는 일이 제게도 무척이나 힘이 빠지는 일이었지만 그러한 과정을 통해서 서로가 소통하고 배려할 수 있는 공동체가 된 것 같습니다. 이러한 소통의 목적은 연합입니다.

이러므로 우리에게 구름같이 둘러싼 허다한 증인들이 있으니 모든 무거운 것과 얽매이기 쉬운 죄를 벗어버리고 인내로써 우리 앞에 당한 경주를 하며 믿음의 주요 또 온전하게 하시는 이인 예수를 바라보자 그는 그 앞에 있는 기쁨을 위하여 십자가를 참으사 부끄러움을 개의치 아니하시더니 하나님 보좌 우편에 앉으셨느니라 너희가 피곤하

여 낙심하지 않기 위하여 죄인들이 이같이 자기에게 거역한 일을 참으신 이를 생각하라 히 12:1-3

지적으로는 믿음의 주요 온전하게 하시는 예수님을 바라보며 가는 일에 쉽게 동의할 수 있겠지만, 실제 삶에서 동의를 나타내는 행동을 보이기는 어려운 것 같습니다. 그렇기에 우리는 날마다 선한 싸움을 싸우며 달려갑니다. 싸움은 항상 격렬해서 낙심하고 지칠 수 있다는 것을 주님은 아시기 때문에 이런 도전을 주시는 것이겠지요.

일상의 삶이 투쟁 같을 때가 많았습니다. 제가 연약하다보니 모든 것이 저를 공격하는 것만 같았고, 저는 한없이 피해를 입는 것 같은 망상에 사로잡혀 항상 피곤하고 지쳤습니다. 주께 기도는 하고 있는데 그 속에서 제 연약함을 강하게 하시는 예수님을 바라는 것이 아니라 상황을 해결해주시기만을 기다리다가 지치는 제 모습이 더 견디기 힘들었습니다. 그러나 계속된 묵상과 기도를 통해서 경험한 하나님의 임재와 현존은 주님의 음성을 듣게 했고, 그 음성 뒤에는 예수님만이 보였습니다.

우리의 선한 싸움은 고독한 싸움일지도 모릅니다. 그러나 주님은 우리에게 말씀하십니다. 구름과 같은 허다한 증인들이 둘러싸고 이미 순례의 길을 마친 증인들이 나의 믿음의 선한 경주를 보면서 응원하고 박수치고 있다고 말입니다. 우리는 혼자가 아닙니다. 최고의 선수인 예수님과 함께 경주를 하고 있고, 그분과 함께 힘을 다해 결승점에 골인할 것입니다. 그 마지막 결승점에서 주님이 잘했다고 칭찬해주실 것이고, 함께 천국의 문으로 들어가게 될 것입니다.

우리는 예수님만을 바라보아야 합니다. 이전에 다른 것을 바라보느라 피곤하고 낙심했던 것을 기억하기 때문에 더욱 예수님을 바라보아야 합니다. 함께 팀으로 경기를 하는 것이 얼마나 복된 일인지 알게 된다면 우리는 주께 무한 감사를 드릴 수 있을 것입니다.

관계훈련은 우리로 그리스도의 형상을 따라가게 하며, 우리를 기도의 자리로 인도합니다. 또한 그 자리에서 주께 영광을 드릴 수 있는 진정한 그리스도인으로 자라나게 하시는 성령의 역사를 맛볼 수 있습니다.

가장 큰 은혜는 우리에게 닥치는 고난을 해석할 수 없다는 것입니다. 만일 우리의 죄로 인한 고난을 해석한다면 그 정죄감으로 인해 큰 괴로움에 처하게 될 것입니다. 그러나 그 의미를 다 알 수 없기에 고난이 올 때 우리는 주님을 바라볼 뿐입니다. 공동체에 고난이 닥칠 때도 기도 가운데 주님이 주시는 말씀을 들으려고 애씁니다. 그러면서 자신의 모습을 보게 되고, 주님이 우리를 얼마나 용서하시고 사랑하시는지를 경험하게 되는 것입니다.

"주님! 가정과 교회와 이웃,
나라와 민족과 열방을 기도로 품겠습니다."

모두가 그렇다고는 할 수 없지만 우리 인생의 모양이 크게 다르지 않은 것은 누구나 인생의 광야를 통과해야 하고, 그 광야를 통과하는 것이 예수님의 생명의 길, 진리의 길로 가는 것이기 때문입니다.

그럼에도 우리에게 유익이라는 고난을 자처하기는 어렵습니다. 세상에서 고난을 받으며 어느 정도 훈련된 사람들이 교회 사역 가운데 들어오면 고난을 이긴 지혜를 통해서 사람을 귀하게 여기고 함께 사역하는 여유를 보여줍니다. 그렇지만 세상에서 고난과 역경을 겪어보지 못한 사람들은 교회에 들어와서 사역적인 고난을 경험하게 됩니다. 관계훈련을 받지 못했기 때문에 이기적이고 독단적인 판단으로 자신의 의견만을 주장하는 경우가 허다하기 때문입니다.

관계 훈련에는 다음과 같은 유익이 있습니다.

첫째, 자신의 단점과 장점을 모두 드러냅니다. 장점은 더 강화되고, 단점은 보강되도록 정직하게 나눌 수 있는 순전한 마음을 가져야 합니다.

둘째, 하나님과의 평안을 이루는 것이 우선입니다. 사이가 좋다는 것은 서로 간에 너무 밀착된다거나 너무 먼 것이 아닌 건강한 간격을 두는 것을 말합니다. 건강한 관계는 서로를 존귀하게 여기고 세워줍니다.

셋째, 관계에서 평강을 이룬 사람은 다른 사람들에게 평안을 전하게 됩니다. 그런 사람은 어디를 가든지, 누구를 만나든지 모든 사람들이 좋아하고 기대하며 기다립니다. 그에게서 주님의 형상을 보기 때문입니다. 주님의 은혜와 평강이 항상 함께하셔서 주님의 영광을 나타내는 여러분이 되시기를 기도합니다.

주님! 이미 승리하신 일들이
우리의 가정과 교회와 이 나라와 이 민족과
열방까지 선포되도록
우리를 통해 일하시기를 기도합니다!

내 마음 들여다보기

: 치유기도

얼마 전 만났던 한 자매의 일입니다. 어려서 부모님으로부터 폭력을 많이 당했던 기억 때문에 남편과의 관계뿐 아니라 주변인들과의 관계에서 어려움을 겪고 있었습니다. 본인은 사람들이 무엇 때문에 자기를 싫어하는지 모르겠다고 그냥 울기만 했습니다. 그 자매는 얘기를 나누는 동안에도 불안해 보이고 몹시 산만했습니다.

자매는 하나님을 믿지만 진정한 평안과 기쁨은 누리지 못하고 있었습니다. 자매는 교제를 나누며 자신이 관계 맺는 데 미숙하기도 하지만 상처에 대한 생각이 가진 강한 힘이 지속적으로 부정적인 결과를 가져온 것임을 알게 되었습니다.

자매의 상처는 한 가지의 사건이나 과정을 통해서 이루어진 것이 아니라 복합적으로 연결되어 있었습니다. 시간이 지나면서 상처에 대한 기억은 어느 정도 무뎌질 수 있었겠지만 잠재되어 있던 상처에 대한 기억은 여전히 부정적인 영향을 나타냈던 것입니다.

'그렇다면 이 자매는 어떻게 과거로부터의 상처에서 벗어날 수 있을까?'

저는 자매에게 도움을 주려고 애를 썼습니다. 과거의 나쁜 기억에는 여러 가지가 있습니다. 자라면서 부모님으로부터 폭행을 당하거나, 사망이나 결별로 인해 버려진 경험이 있다거나, 충격적인 사고를 당해서 두렵다거나, 요즈음 많이 다루어지는 '왕따' 등의 기억들은 우리의 감정에 손상을 일으킵니다. 이것이 치유되지 않으면 오늘의 삶이 심각한 지경에 이르게 된다는 것을 배우기도 하고 경험도 했습니다. 사람들, 특히 그리스도인들은 감정을 긍정적인 곳에 쏟을 필요가 있습니다. 하나님께 순종할 수 있는 마음은 부정적인 마음이 아니라 긍정적인 마음에서 나오기 때문입니다.

말씀에서 길을 찾으려고 할 때 문득 출애굽기가 생각났습니다.

이스라엘 자손 온 회중이 그 광야에서 모세와 아론을 원망하여 이스라엘 자손이 그들에게 이르되 우리가 애굽 땅에서 고기 가마 곁에 앉아 있던 때와 떡을 배불리 먹던 때에 여호와의 손에 죽었더라면 좋았을 것을 너희가 이 광야로 우리를 인도해 내어 이 온 회중이 주려 죽게 하는도다 출 16:2,3

광야의 이스라엘 백성은 끊임없이 하나님께 불평하고 원망합니다. 이 기록은 우리의 욕구는 한계가 없다는 것을 가르쳐줍니다. 그럼에도 불구하고 하나님께서는 당신의 백성을 끝까지 이끄십니다. 우리는 사랑을 필요로 합니다. 그 필요를 하나님께로부터 채울 수 있다면 그보다 더 좋은 방법은 없습니다. 그래서 하나님의 방법으로 사랑하며 마음을 쏟을 수 있는 공동체, 즉 교회와 가정을 주신 것임을 자매에게 설명해주었습니다.

"어그러진 감정들은 성령의 열매를 맺을 수 없어요. 왜냐하면 우리 안의 악한 세력들을 먼저 처리한 후에야 거룩한 쓰임을 받을 수 있기 때문입니다. 손상된 감정은 부정적인 것, 즉 두려움, 이기심, 시기, 질투, 분노, 거절감에 의한 의기소침이나 반항, 남을 탓하는 것 등 다양한 결과를 낳을 수 있지요.

이러한 결과는 우리의 삶에서 영향력을 행사해서 다른 사람들과의 관계를 차단시키거나 반복적으로 손상시키는 일을 거듭하게 되는데, 우리 안의 감정의 상처를 치유하는 가장 근본적인 문제는 우리의 '죄'라는 것을 깨달아야 합니다. 그리고 내 안의 감정의 뿌리를 찾고, 주께서 말씀하신 바를 신실하게 이루어가실 것을 받아들여야 합니다."

자매는 만남을 계속하면서 자신의 생각 하나를 바꾸는 것에도 고통스러워하고 힘들어했지만 주님이 주시는 힘과 용기로 차츰 건강한 자신을 되찾고 있습니다. 많은 지체들의 도움이 있었고, 자매 또한 말씀을 묵상하고 기도하는 예배자의 자리를 잘 지켰기 때문이라고 생각합니다.

어릴 때 버려져서 고아원에서 자란 또 다른 자매가 생각납니다. 자라면서 재봉 기술을 배워 나름대로 자그마한 가게를 운영하면서 결혼도 하고 아이도 둘을 낳았습니다. 하나님의 은혜로 교회에 다니며 많은 사람들에게 칭찬을 받았고, 교회의 자질구레한 일들이 그 자매의 손을 거쳤습니다. 교인들은 그 자매를 사랑하고, 그녀의 수고에 감사했습니다.

어느 날 그녀가 다른 집사님과 심하게 다투는 것을 보게 되었습니다. 가장 친하던 그 집사님과 오해가 생겼는데, 자매는 집사님의 말을 들어보려고도 하지 않고 일방적으로 화를 내고 있었습니다. 평소에는 볼 수 없었던 모습을 보이게 되었던 것입니다. 사실, 그 자매는 집사님을 혼자서만 차지하고 싶었고, 집사님이 다른 지체들과 더 친한 것을 용납할 수가 없었기에 생긴 일이었습니다. 싸우는 동안 자매가 계속 한 말은 "제가 집사님한테 어떻게 했는데 이렇게 하실 수가 있습니까?"였죠. 그 후로는 그 집사님을 볼 때마다 분노에 찬 얼굴을 했고, 심지어 다른 교인들에게 부정적인 이야기로 그 집사님을 힐난하는 일을 서슴지 않았습니다. 그동안 좋은 이미지와 칭찬과 감사의 대상이었던 자매는 그 후로 교인들이 슬슬 피하는 무서운 사람이 되고 말았습니다.

자매가 회개하고 돌이키기를 많은 분들이 기도했습니다. 그러나 상처는 상처를 낳게 되는가 봅니다. 어려서부터 버림받고 거절당한 것에 대한 용서치 못한 마음을 해결할 수 없었던 자매는 선한 사람들까지 끌어들여 그 집사님을 모함하고 분노를 터뜨리는 일을 계속했습니다.

저는 자매에 대해 기도하고 대안을 찾으며 기다렸습니다. 그러면서 나름 분석을 해보았습니다. 자매는 어려서 버림받은 것으로 인해 거절감과 수치심을 가지게 되었고, 스스로 그러한 감정을 숨기고 살 수 있는 방법이라고 생각해 낸 것이 돈을 열심히 버는 것이었다는 생각이 들었습니다. 저는 정리한 생각들을 자매와 나누었습니다.

"성실하게 사는 것은 나쁜 것이 아닙니다. 그러나 다른 사람들을 대상으로 경쟁적으로 살아가게 되면 다른 사람들을 배려하기보다는 힘을 얻어서 사람들을 지배하려는 마음이 커져버릴 수 있습니다. 그렇게 해서 약간의 만족을 얻을 정도의 물질이 모아졌을 때 자매는 다른 곳으로 눈길을 돌릴 수 있었는데, 그것이 '사람'이었던 것입니다. 신앙을 가졌다고는 하나 인본주의 신앙을 갖게 된 것이지요. 인본주의 신앙은 하나님과 하나님의 뜻에 대해 알려고 하기보다 사람들의 생각이 어떤 것인가에 집중하는 것을 말합니다.

그래서 자매는 사람들이 있을 때는 너무나도 열심히 헌신하고 봉사하는 것처럼 보였고, 사람들이 보지 않는 곳에서는 시기와 질투와 분노를 이길 수 있는 힘이 없어서 자신의 감정을 주체할 수 없었던 것입니다. 상대방이 마음대로 움직여지지 않을 때는 자매가 좋아했던 집사님의 마음이 다른 사람에게로 옮겨간다고 생각했고, 그 생각 때문에 자신을 드러내고 만 것입니다."

하지만 그 후로도 오랫동안 자매는 그러한 일들을 계속했고 결국은 '싸움쟁이'라는 별명을 갖고 살아가고 있습니다. 도움을 받는 것도 싫어하고 도움을 주려고도 하지 않는 고립된 사람이 되었죠.

사람의 행위가 자기 보기에는 모두 깨끗하여도 여호와는 심령을 감찰하시느니라 잠 16:2

자매는 사람 의존적인 역기능으로 살아가기 때문에 하나님 중심적인 순기능의 사람으로 바뀌기까지는 시간이 오래 걸릴 수밖에 없었습니다. 가까이 있는 공동체의 헌신이 없이는 지속적인 사랑과 관심을 가지고 다른 방향으로 가지 않도록 위로하고 권면하고 경책하는 일이 쉽지 않기 때문입니다. 어두움이 역사하는 것이라고 해서 귀신을 쫓아보기도 했지만, 이 자매의 행동 중심에 있는 이유는 거절감과 외로움이지 귀신의 역사는 아니었습니다. 사람이 그리워서 집착하고 자신의 집착을 처리할 수 있는 능력이 없었기에 일으킨 일들이었습니다.

외로웠던 자매는 점점 주위 사람들의 말을 듣기 시작했고, 변화를 시도했습니다. 자신의 마음을 들여다본 것입니다. 자신의 마음을 들여다보는 일은 괴롭지만, 주님이 말씀으로 비춰주시는 빛에 자신의 어두움이 드러난다면 그 어두움은 이미 처리되기 시작했음을 자매도 경험한 것입니다.

부모로부터 땅을 많이 물려받아서 부자가 된 한 사람의 이야기입니다. 그는 일을 해주는 사람들을 고용하고 있었는데 얼마나 비인격적으로 대우하는지 마치 종을 부리듯 했습니다. 시간이 지나고 문화가 바뀌었음에도 그는 전혀 바뀔 생각을 하지 못했고, 다른 사람들을 위한 배려는 아예 없었죠. 거칠고 괴팍한 성격 때문에 그의 곁에는 아무도 남지 않았습니다.

해를 거듭하면서 그는 외로움을 달래기 위해서 술을 가까이 하게 되었죠. 술만 마시면 끊임없이 세상을 비판하고 사람들에게 독설을 퍼부었고, 가족들까지도 외면하면서 상황은 점점 더 악화되었습니다. 그는 이전의 삶을 그리워해서 그때의 일만을 기억하려 했고, 사람들 앞에서도 상전의식을 버리지 못했습니다.

그러던 어느 날 그는 스스로 교회로 발걸음을 옮기게 되었죠. 40세가 넘어서 다니게 된 교회는 낯설었고, 동네에서는 이미 알려진 얼굴이라서 교회에서도 그를 가까이 하려는 사람이 없었습니다. 교인들은 그가 나타나면 소곤거렸고, 그를 정죄하고 비판하는 것으로 일관했습니다. 그러나 그는 주님을 만났습니다. 그는 자신이 저질렀던 모든 일을 눈물로 회개했고 새사람이 되려고 얼마나 노력했는지 모릅니다. 누군가가 그의 친구가 되어주었더라면 그는 아마도 회개한 그의 죄보다 몇 갑절이나 선한 삶을 살 수도 있었을 것입니다.

하지만 얼마 지나지 않아서 그는 다시 세상으로 갔습니다. 그리고 교회를 향해서 저주의 말을 퍼붓고 교인들을 비판하고 정죄했습니다. 그가 받은 상처 이상으로 교회를 향해 분노를 표출한 것입니다. 그의 비판과 정죄는 생각의 뿌리를 점령하게 되었고, 가장 깊은 내면에서 교만과 열등감이 교차하면서 그는 분노와 함께 이를 드러냈습니다. 안타깝게도 이후로 저는 그를 다시 만날 수 없었습니다.

우리는 자신의 생각 안에서 복과 저주를 나누거나, 옳고 그름을 정하거나, 자기중심적으로 좋은 것과 나쁜 것을 결정하는 이분법적인 생각을 하기가 쉽습니다. 또한 부정적인 사고를 계속하는 사람들은 모든 일들을 부정적으로 판단해서 낙심하고 절망하게 됩니다.

흔히들 죽음은 저주라고 생각하는 분들이 많습니다. 예수를 믿었는데도 암에 걸리거나 사고를 당하거나 죽음을 맞게 되면 이를 저주라고 생각해서 하나님께서 그러한 결말을 절대로 내리지 못하시도록 기도합니다. 이러한 상황은 물론 안타깝고 힘든 상황임에는 틀림없지만, 우리는 믿음으로 하나님을 신뢰하는 훈련을 해야 하는 과제를 안고 있습니다.

우리가 흔히 가계로부터의 저주라고 말하는 것들은 실제로 그 자체가 저주의 능력을 행사한다기보다는 함께 생활하거나 경험한 것으로 인해 영향력을 받은 것을 말합니다. 그리스도 안에서는 공동체가 무척 중요합니다. 내가 속한 공동체가 어떠한가에 따라서 자라나는 형태나 모양이 달라지기 때문입니다.

가계도(家系圖)에 아버지의 외도나 어머니의 자살 시도, 낙태의 경험, 아버지의 폭력과 중독이 나타나는 사람들은 그 영향력의 결과로 부모가 갖고 있던 부정적인 것들이 모두 나타날 뿐 아니라 이혼과 방탕 등 그보다 더한 것이 나타나기도 합니다. 그들이 거친 행동을 하면 처음 만난 사람들은 이상하게 여기고 가까이 하지 않으려 하고, 그들은 자신들의 그러한 모습에 대해 말하는 사람들에게 더 큰 두려움을 주려고 이상한 행동을 서슴없이 일삼습니다. 그러면 그럴수록 그들은 고립되고 주위 사람들은 그들을 더 멀리하게 되는 것입니다.

가계도를 그리고 나면 제일 먼저 부정적인 생각이 떠오를 수 있습니다. 부모를 원망하든지 또는 그 외에 상처를 준 사람을 미워할 수 있다는 것입니다. 그래서 가장 우선적으로 이루어져야 할 일이 기도입니다. 왜 그렇게 자신이 분노하고, 슬퍼하며, 고통 가운데 있는지를 알아야 합니다. 그리고 그 일이 누구의 악한 영향력이 아니라 자신이 그것을 대항할 수 없어서 받아들였기 때문이라는 것을 시인하고 인정해야 합니다. 자신을 직면하는 일은 결코 쉽지 않지만 우리가 기도 가운데 그리스도 앞에서 자신의 그런 모습들을 회개하면 지혜의 성령께서 오셔서 우리로 새롭게 하시는 역사가 일어나는 것임을 알아야 합니다.

만일 우리가 우리 죄를 자백하면 그는 미쁘시고 의로우사 우리 죄를
사하시며 우리를 모든 불의에서 깨끗하게 하실 것이요 요일 1:9

가계로부터 오는 영향력을 회개한 후에도 악한 영향력에 대해서
예수 그리스도의 이름의 권세로 묶고 차단하며, 감사로 채우는 기도
를 드려야 합니다. 합당한 이유를 대며 부정적인 감정들을 쏟게 하는
것들을 우리의 삶에서 찾아내어 우리의 의지로 주님 안에서 그것을
거절하고 주님이 주시는 은혜와 평강을 누릴 때까지 말씀을 읽고 묵
상하며 기도하는 일을 쉬어서는 안 됩니다.

계속해서 자신이 하나님을 가장 완벽하게 믿는다고 생각했던 한
사람을 예로 들어보겠습니다. 그는 모태신앙인이었고, 모든 면에서
모범적으로 살아왔습니다. 그렇기 때문에 더더욱 자신이 누구보다
도 우월하다고 생각하게 되었습니다. 그런데 혼자 있는 시간에 무엇
을 하는가에 대해서는 서로가 알 수 없는 것처럼 그가 혼자일 때 하
는 생각으로 인해서 삶 가운데 문제가 생겨나기 시작했습니다. 처음
그와 만나는 사람들은 그가 하는 말과 외모에서 풍기는 매력에 푹 빠
져 그를 따라다닐 정도로 좋아했습니다. 그러나 어느 정도의 시간이
지나면 그의 냉정함과 쏘는 말, 처음과 다른 태도들로 인해서 상처를
받기 일쑤였죠.

그는 자신의 위치가 확고해질수록 함께 다니는 사람들을 장악하

고 엄격함으로 다스리려 했습니다. 왜냐하면 자신이 하는 모든 것이 합당하며 옳다고 생각했기 때문입니다. 시간이 지나면서 그러한 태도들은 더 강화되었습니다.

'자기 의'는 겸손한 마음으로 하나님 앞에 가지 않으면 드러날 수 없는 것이기에, 그는 자신이 어떤 사람이라는 것을 깨닫기 어려웠습니다. 자신은 다른 사람들에게 존경을 받고 있으며, 악한 생각은 전혀 품지 않고 있다고 생각했기에 도무지 그러한 일들을 알 수도 이해할 수도 없었던 것입니다. 겉으로는 마치 예수님처럼 행동하지만 그의 진정한 모습은 세상 사람들보다도 못한 모습이었죠.

이처럼 무의식적인 사고는 끊임없이 이기적으로 자신을 위한 에너지를 분출합니다. 우리는 자신을 깊이 사랑할 뿐 아니라 연민까지 갖고 있어서 자신의 어두운 면까지도 합리화하고 싶어 합니다. 그럴 때 진리이신 하나님의 말씀은 거짓된 우리의 마음과 충돌합니다. 그러한 저항은 기도를 통해서 성령의 도움을 얻어 해석 과정을 거치고, 해석된 마음은 통찰력을 얻게 됩니다. 이러한 기도의 작업은 단번에 이루어지지 않고 반복적으로 일어나는 충돌과 해석의 과정을 수없이 되풀이하면서 통찰력의 확장을 가져오게 됩니다.

우리는 우리 안의 상처나 교만, 악습이나 무의식적인 행동들을 이러한 반복적인 작업을 통해서 점점 정상적으로 회복하게 되고, 이전에 살던 모습이 아닌 전혀 새로운 모습으로 삶을 살아가게 됩니다. 이러한 작업은 누군가가 대신해서 할 수 있는 것이 아닙니다.

우리 안에 있는 진정한 생명력은 오직 예수 그리스도의 말씀에서 비롯되는 것이므로 그 생명의 씨를 기경된 우리의 마음에 뿌려야 합니다. 우리 스스로가 깨달을 수 있는 것은 한계가 있어서 말씀으로 비춰진 내 모습을 보아야만 내가 얼마나 정욕과 저항을 지닌 사람인지를 인정할 수 있습니다.

좋은 땅에 뿌려졌다는 것은 곧 말씀을 듣고 받아 삼십 배나 육십 배나 백 배의 결실을 하는 자니라 또 그들에게 이르시되 사람이 등불을 가져오는 것은 말 아래에나 평상 아래에 두려 함이냐 등경 위에 두려 함이 아니냐 드러내려 하지 않고는 숨긴 것이 없고 나타내려 하지 않고는 감추인 것이 없느니라 들을 귀 있는 자는 들으라 막 4:20-23

치유기도라는 것이 따로 있는 것은 아닙니다. 우리는 주님의 기도를 배워서 주님의 이름의 권세로 무엇이든 해볼 수 있습니다. 자의적인 해석으로 인한 오류도 발생하지만 우리는 실수를 경험하면서도 배우게 됩니다. 여기서 명심해야 할 것은 다른 지체들을 대상으로 실험적인 기도를 해서는 안 된다는 것입니다. 다른 지체들을 위한 기도에는 그리스도의 사랑이 전제되어야 하는데, 자신의 생각으로 다른 지체들을 사랑한다는 것만 가지고는 열매를 보기 어려울 때가 더 많습니다. 만일 자신에게 치유할 수 있는 은사가 나타났더라도 다른 지체들에게 곧바로 사용한다면 상대를 난처하게 만들 수 있습니다.

예를 들어 상대는 원하지도 않는데 치유를 해주겠다며 자신의 방법으로 기도를 강요하게 된다면 치유는 일어날지 모르나 과격한 기도의 방법이나 치유의 통로로 사용되는 사람의 거친 인격으로 인해 상처를 받을 수 있습니다. 그러므로 은사를 사용할 때도 우리는 주께 먼저 묻는 기도의 훈련이 되어 있어야 합니다. 주께 순종하며 치유기도를 한다면 그 결과로 주님만이 영광을 받으시게 됩니다.

은사는 다른 지체들을 강건하게 세우실 목적으로 주신 것입니다. 은사를 사용하는 것은 여러 번의 과정에서 검증되고 또 검증되어야 합니다. 주께서 주시는 은사는 몸 된 교회를 건강하고 역동적으로 변화시키고 성장시키기 위한 것입니다. 어떤 지체에게 어떤 은사가 있는지를 분별하고 싶다면 그 열매를 보면 됩니다.

그들의 열매로 그들을 알지니 가시나무에서 포도를, 또는 엉겅퀴에서 무화과를 따겠느냐 이와 같이 좋은 나무마다 아름다운 열매를 맺고 못된 나무가 나쁜 열매를 맺나니 좋은 나무가 나쁜 열매를 맺을 수 없고 못된 나무가 아름다운 열매를 맺을 수 없느니라 마 7:16-18

오직 성령의 열매는 사랑과 희락과 화평과 오래 참음과 자비와 양선과 충성과 온유와 절제니 이같은 것을 금지할 법이 없느니라

갈 5:22,23

교회 안에서 은사를 사용하면 다른 지체들에게도 인정을 받게 됩니다. 은사를 사용해도 그 은사에 대해 다른 지체들에게 전혀 인정을 받지 못한다면 은사가 없을 가능성이 더 많습니다. 아니면 그 은사를 사용하는 것에 게을렀기 때문일 수도 있습니다.

그래서 이런 기도는 더욱 훈련이 필요합니다. 주님의 말씀 안에서 은사를 잘 사용할 수 있는 길들을 인도받고 좋은 멘토를 만나 훈련한다면 주님의 능력을 나타내는 통로로서의 역할을 감당할 수 있게 됩니다.

그러나 은사는 사용하는 통로에 문제가 있을 경우가 많습니다. 첫째, 은사를 남용하는 경우입니다. 이는 은사를 통해 자기를 나타내는 것인데, 말하자면 은사를 과시하려는 것입니다. 이런 경우에는 다른 지체들을 조종하고 이용하는 것에 은사를 사용할 수 있습니다.

둘째, 은사를 차별하는 태도입니다. 이는 은사를 주신 하나님보다 은사를 사용하는 통로에게 영광을 돌리며, 스스로 자신을 높이려 하고, 은사의 서열을 만드는 경우를 말합니다. 은사는 사랑으로 사용해야 하고, 은사의 순서는 서열이 아니라 다양성을 강조하기 위함이라는 것을 알아야 합니다.

셋째, 은사를 무시하는 것입니다. 이는 은사가 자신의 헌신적인 노력으로 이루어진 것이지 주님이 주신 은사를 사용한 것이 아니라며 은사를 부인하거나 헌신에 대한 공로만을 주장하는 경우입니다. 이런 분들은 다른 지체들이 따라올 수 없는 간증을 해서 듣는 사람들의 기선을 제압하고, 자신이 쓰임 받는 것이 주께서 자신에게 주신 은사와 성령의 능력 때문이 아니라 자신의 헌신적인 노력에 의해서 이루어진 것처럼 말합니다. 그러나 성경에 나와 있듯이 은사를 주시는 분은 하나님이십니다.

은사와 능력과 축복은 하나님의 손으로부터 우리에게 주신 분복입니다. 그러므로 그 소유권은 우리가 아니라 주님의 손에 있습니다. 그 모든 것이 주님의 것이라는 생각을 하고 있다면 누구에게 그 은사를 사용할지라도 주께서 주신 것임을 말할 수 있어야 합니다. 그리고 대상자에게도 주께 감사를 드리도록 권면해야 합니다.

> 그에게서 온몸이 각 마디를 통하여 도움을 받음으로 연결되고 결합되어 각 지체의 분량대로 역사하여 그 몸을 자라게 하며 사랑 안에서 스스로 세우느니라 엡 4:16

마태복음에 나오는 달란트의 비유를 보면 주인이 종들에게 각각 다섯 달란트, 두 달란트, 한 달란트를 주고 갑니다. 이 비유에서는 처음에 얼마를 가지고 시작했느냐보다 주인이 종들에게 맡긴 사실을 중요하게 여겨야 합니다. 달란트를 맡긴 이유는 주인의 목적을 이루기 위해서이고, 후에 주인으로부터 그에 대한 책임을 질문받게 되어 있는 것입니다.

주인이 돌아와서는 한 달란트를 주었던 자에게 '악하고 게으른 종'이라 말합니다. 그 한 달란트는 심지 않는 데서 나는 것이 아니라 받은 자가 심고 거두어야 하는 선물이었습니다. 그럼에도 그는 게을러서 그저 땅에 묻어 두었다가 주인이 오는지 안 오는지만 기다린 것입니다. 만일 오지 않는다면 그것이 자신의 소유가 될 것이기 때문에 그는 기다리기만 했습니다.

그러나 주인은 반드시 옵니다. 주인이 올 때 우리는 열심히 사용한 결과물을 보여드릴 수 있어야 합니다. 이처럼 은사는 그 결과로 주께 영광을 돌려야 합니다. 은사를 잘 사용하면 하나님을 더욱 의지하는 그리스도인이 될 뿐만 아니라 교회 전체에 유익을 줄 수 있으며, 계속적으로 충성하고 깨어 있게 하는 도구가 됩니다.

치유를 위한 기도는 가정에서 사랑하는 자녀를 대상으로 점진적인 확인이 일어나는 경우가 많습니다. 은사가 강력하게 임했다고는 하지만 하나님께서 강력하신 것이지 은사를 사용하는 통로가 깨끗한지는 바로 확인하기가 어렵습니다. 아무리 강력한 은사라 할지라도 얼마 지나지 않아서 하나님의 영광을 가릴 수 있기 때문입니다.

이럴 때 소그룹은 훈련을 쌓기에 정말 좋은 곳입니다. 서로가 은사에 대해 말할 수 있고, 사용해볼 수 있도록 양해를 구하기도 하며, 정직한 반응을 나타낼 수 있는 소그룹에서는 많은 달란트가 주어질수록 주님의 영광이 풍성하게 나타나게 될 것입니다. 주님의 말씀을 따라 사용하는 은사는 서로를 보완하고, 서로를 존귀하게 여기는 열린 마음의 자세를 갖게 합니다. 사역의 동기는 은연중에 다른 지체들에게도 전해집니다. 긍정적인 동기를 가졌다면 사역의 결과로 주님을 기쁘시게 할 뿐 아니라 은사를 사용하는 사람도 계속 사용하고 싶은 생각이 일어나고, 그리스도의 장성한 분량에까지 자라나고 싶은 소망으로 사역을 하게 됩니다.

> 너희 안에서 행하시는 이는 하나님이시니 자기의 기쁘신 뜻을 위하여 너희에게 소원을 두고 행하게 하시나니 빌 2:13

> 하나님을 찬미하며 또 온 백성에게 칭송을 받으니 주께서 구원 받는 사람을 날마다 더하게 하시니라 행 2:47

진정한 치유의 시작은 성령의 기름부으심으로부터 일어납니다. 성령님은 우리가 그리스도와 연합을 이루게 하시고, 우리 안에서 생명의 성령의 법으로 인도하는 분이십니다. 그러므로 치유기도는 성령의 인도를 받아 그리스도와 연합을 이루게 하는 기도라고 할 수 있습니다.

> 주의 성령이 내게 임하셨으니 이는 가난한 자에게 복음을 전하게 하시려고 내게 기름을 부으시고 나를 보내사 포로 된 자에게 자유를,

눈 먼 자에게 다시 보게 함을 전파하며 눌린 자를 자유롭게 하고 주의 은혜의 해를 전파하게 하려 하심이라 하였더라 눅 4:18,19

그리스도의 보혈의 은혜와 성령님의 인도하심을 따라 마음의 상처를 치유 받고, 새로운 양심과 지식에 이르기까지 자라나 지난 시간을 이해하고 수용하는 확장이 일어난다면, 우리는 다른 지체들을 치유할 수 있는 통로로 준비되는 것이라고 할 수 있습니다.

은사를 나타내는 것이 중요한 것이 아니라 나 자신이 얼마만큼 주님과 연합해 주님의 마음으로 기쁘게 사역을 감당할 수 있는가가 더욱 중요하다는 것을 잊지 마시기를 바랍니다.

기도는 하나님과의 대화입니다. 대화는 말하기와 듣기로 이루어집니다. 그런데 우리는 말하는 기도만을 하나님께 드리고 주님의 방에서 속히 뛰쳐나갑니다. 익숙하지 않은 주님의 음성을 듣는 것은 성경의 말씀을 되도록 많이 접하고, 공동체 안에서 그 말씀에 대한 묵상을 나누고, 주일과 주중에 강단에서 선포되는 목사님의 말씀을 계속해서 상고하며 기도할 때 시작됩니다.

성령님은 우리 안에서 그리스도를 증거하셔서 우리가 어떻게 살아가야 하는가를 가르치시고, 회개할 수 있는 믿음을 주시며, 다시는 죄를 반복하지 않도록 기억하게 하시고, 새로운 양심으로 옛사람을 벗어버리고 새사람으로 살아갈 수 있도록 힘과 능력을 주십니다.

"주님! 이미 승리하신 일들이 우리의 가정과 교회와

이 나라와 이 민족과 열방까지 선포되도록

우리를 통해 일하시기를 기도합니다!"

우리가 치유를 받아 건강할 뿐 아니라 강건해지는 일은 무엇보다도 중요합니다. 우리가 치유를 받고자 할 때 치유가 일어날 수밖에 없는 이유는 우리가 하나님의 사랑하시는 자녀이기 때문입니다. 하나님의 주권적인 역사로 당신의 자녀들이 강건하게 되는 것은 하나님께서 당연히 기뻐하시는 일입니다.

우리 안에 내주하시는 성령님은 우리에게 힘과 능력과 은사를 주셔서 더 힘 있게 예수님의 말씀을 따라 살 수 있도록 도우십니다. 그러므로 어떤 신적인 은사를 가진 사람이 우리를 치유하는 것이 아니라 주를 믿는 믿음을 보시고 우리가 세상을 이기며 살아갈 수 있도록 주께서 치유하시고 회복하시는 일들을 행하십니다.

첫째, 구원받은 그리스도인들이 주님의 말씀을 따라가는 것을 방해하는 모든 요인들을 극복해야 하기 때문에 행하는 것입니다. 이 일은 사람을 통해서 일어나지만 그 주체는 주님이심을 잊어서는 안 됩니다.

둘째, "손을 얹은 즉 나으리라!" 하는 기도는 믿음에 대한 것입니다. 주님은 영혼 구원의 역사를 위한 것이라면 우리에게 모든 것을 위임하고 싶어 하십니다. 또한 믿음이 연약한 지체들을 세우기 위해서도 그리스도인들에 대한 위임이 이루어집니다. 그럴 때 자신이 특별한 능력을 받은 것에 초점을 두게 되면 능력자로 우뚝 서려는 오류를 범할 수 있습니다.

셋째, 교회를 건강하게 세워가시는 것에 목적이 있습니다. 하나님은 이러한 기도를 통해 그리스도인들이 건강한 영향력을 행사할 수 있도록 해주십니다. 모든 그리스도인들이 강건하게 되어서 하나님의 거룩한 통로로 쓰임받으시길 기도합니다.

감 사 의 글

아내와 엄마의 부재의 시간을 진한 사랑으로 묵묵히 지내주는 남편과 아이들에게 고마움을 전하고 싶습니다. 그리고 연로하심에도 강건하게 지내고 계시는 시어머님과 많은 지지를 해주신 친지들께 감사드립니다.

또한 13년이라는 시간을 가족처럼 함께해온 소그룹의 지체들에게 무한한 감사를 표합니다. 부족하고 연약한 리더였던 저를 성장시키느라 함께 성장통을 앓고, 관계 안에서 정직한 반응을 건강하게 할 때까지 치러야 했던 많은 일들을 믿음으로 받아들여준 한 분 한 분에게 감사를 드립니다.

제가 사역할 수 있는 장을 열어주신 온누리교회와 지역교회의 목사님들, 저희 GIM(소그룹 중보기도 사역)에 헌신해주신 지역교회의 기도 그룹 리더들과 학생들에게 감사를 표합니다.

첫 번째 책부터 함께 고민했던 편집부에 감사합니다. 그 덕분에 '기도 플러스'를 작성할 수 있었습니다. 그리고 다시 책을 통해서 독자들과 만날 수 있게 장을 열어주신 규장의 여진구 대표께도 감사를 드립니다.

감사를 표현하는 글을 쓰다보면 얼마나 많은 분들이 생각나는지 모릅니다. 혹시 미처 글에 올리지 못했을치라도 감사를 잊은 것이 아니라 모두 적으려면 끝이 없기 때문이라는 것을 이해해주시기를 바랍니다.

그 누구보다도 저를 여기까지 이끄시느라 가장 많이 아파하셨을 하나님께 감사를 드립니다. 조금이나마 주님을 기쁘시게 해드리는 열매를 맺기를 기대합니다. 마지막으로 독자 여러분께도 깊은 감사를 드립니다.

주님, 다시 기도해볼게요

초판 1쇄 발행	2012년 9월 20일
초판 2쇄 발행	2012년 10월 29일
지은이	김현미
펴낸이	여진구
책임편집	김수미
편집 1실	안수경, 이영주, 김소연, 박민희
편집 2실	김아진, 최지설, 유혜림
기획·홍보	이한민
책임디자인	이혜영, 전보영, 정해림, 마영애
해외저작권	김나은
마케팅	김상순, 강성민, 허병용, 이기쁨
마케팅지원	최태형, 최영배, 이명희
제작	조영석, 정도봉
경영지원	김혜경, 김경희
이슬비전도학교	엄취선, 전우순, 최경식
303비전성경암송학교	박정숙, 정나영, 정은혜
303비전장학회 & 303비전꿈나무장학회	여운학
펴낸곳	규장

주소 137-893 서울시 서초구 양재2동 205 규장선교센터
전화 02)578-0003   팩스 02)578-7332
이메일 kyujang@kyujang.com   홈페이지 www.kyujang.com
트위터 twitter.com/_kyujang   페이스북 facebook.com/kyujangbook
등록일 1978.8.14. 제1-22

책값 뒤표지에 있습니다.
ISBN 978-89-6097-279-7 03230

규 | 장 | 수 | 칙

1. 기도로 기획하고 기도로 제작한다.
2. 오직 그리스도의 성품을 사모하는 독자가 원하고 필요로 하는 책만을 출판한다.
3. 한 활자 한 문장에 온 정성을 쏟는다.
4. 성실과 정화를 생명으로 삼고 일한다.
5. 긍정적이며 적극적인 신앙과 신행일치에의 안내자의 사명을 다한다.
6. 충고와 조언을 항상 감사로 경청한다.
7. 지상목표는 문서선교에 있다.

하나님을 사랑하는 자 곧 그의 뜻대로 부르심을 입은 자들에게는 모든 것이 合力하여 善을 이루느니라(롬 8:28)

 Member of the Evangelical Christian Publishers Association

규장은 문서를 통해 복음전파와 신앙교육에 주력하는 국제적 출판사들의 협의체인 복음주의출판협회IE.C.P.A:Evangelical Christian Publishers Association)의 출판정신에 동참하는 회원(Associate Member)입니다.